가지 않은 길

원자력, 상아탑을 넘어 수출까지

▲ 장순흥

오랜 세월이 지난 후 어디에선가
나는 한숨지으며 이야기 할 것입니다.
숲 속에 두 갈래 길이 있었고,
나는 사람들이 적게 간 길을 택했다고
그리고 그것이 내 모든 것을 바꾸어 놓았다고.

—로버트 프로스트의 '가지 않은 길' 중에서

장순흥 교수(우), 백원필 박사(좌) 대담

목 차

머리말

37년간 이야기를 담으면서

한국으로 돌아와 카이스트 원자력공학과에 부임한 1982년부터 올해 2019년 정년을 맞이하기까지 참 많은 일들이 있었습니다. 시간이 흐르고 보니 그동안의 많은 일들이 차례대로 생각나서, 이번 기회에 이를 깔끔하게 정리해 제 나름대로 마무리를 지을 필요를 느꼈습니다. 이번 정년퇴임을 맞아 한국의 원자력과 함께하며 겪었던 수 많은 사건들, 잘 알려지지 않았던 이야기, 원자력 발전을 위해 함께 힘썼던 소중한 사람들에 대하여 37년간의 이야기를 정리해 이 책을 출간하게 되었습니다.

1959년 한국원자력연구원의 설립과 함께 한국의 원자력이 시작되었고, 2019년 올해로 환갑을 맞이했습니다. 한국이 원자력 기술을 처음 받아들이고 발전시켜 지금의 원자력 수출국이 되기까지는 수많은 사람들의 노력이 있었기에 가능했다고 생각합니다. 1982년에 카이스트 원자력공학과 대학원 과정이 처음 생기면서 원자력 기술자립의 시작을 알렸고, 카이스트 연구원 과정을 거쳐간 우수한 박사 인력들이 한국 원자력 기술 발전에 지대한 영향을 미쳤습니다.

특히 한필순 박사님과 이상훈 박사님께서 한국 원자력 기술 발전에 있어서 원자력 기술자립이 중요하다는 제 의견에 공감해 주셨고 또 많은 도움을 주셨습니다. 이후 한국의 원자력계는 기존의 System 80 설계에 안전감압장치를 추가하며 강화된 기본설계능력을 보여주었으며, 핵연료 국산화와 진보된 규제 도입을 통해 향상된 노심설계 능력과 규제 능력 또한 보여주었습니다. 이러한 능력은 차세대 원자로인 APR1400 개발과 표준설계인가 제도의 도입으로 이어져 실질적인 결실을 맺게 되었습니다.

또한 이를 바탕으로 최근 APR1400설계가 유럽사업자요건 (EUR)과 미국 원자력규제위원회(U.S.NRC)의 설계인증을 받으며 전 세계로부터 우리나라의 기술을 인정받았습니다. 한국의 원자력계가 1,2,3차 원자력진흥종합계획을 거치며 체계적으로 원자력을 발전시켜온 결과, 마침내 2009년에는 UAE에 첫 원자력발전소 수출도 이루었습니다. 이러한 과정 속에서 겪었던 다양한 속 사정들을 이 책을 통해 되짚어 보고자 합니다.

또한 연구실의 주요 연구주제였던 임계열유속과 관련된

학문적인 성과, 국제원자력기구(IAEA) 국제원자력안전그룹 (INSAG)의 위원일 때 있었던 북한 경수로 사업, 후쿠시마 원전 사고 국제자문위원으로서의 활동, 빌 게이츠와의 만남 등의 일들도 글로써 남겨 알리고자 합니다. 책의 마지막에는 현재 한국 원자력계가 처한 상황과 앞으로 나아갈 방향에 대해서 백원필 박사와의 대담을 통해 이야기를 나눠보았습니다. 이러한 경험담과 메시지가 이후 원자력 후배들에게 도움이 되었으면 좋겠다는 바람입니다.

끝으로 지금까지의 모든 것에 대해 하나님께 감사드리며, 또한 그 동안 함께해준 선후배, 동료, 원자력인 모두에게도 감사드립니다. 특별히 이 책을 위해 대담을 함께 해준 백원필 박사는 자랑스러운 1기 제자로서 그 동안 많은 일들을 함께 해주었습니다. 이 지면을 통해 진심으로 감사함을 전합니다. 그리고 대담의 녹취와 함께 이 책의 편집을 도와준 마지막 연구실 제자 최재영, 김용진, 송중현 군과 행정, 사무를 지원해준 김미정 씨와 정성엽 박사에게도 감사의 메시지를 전합니다.

아울러 빠듯한 일정에도 불구하고 좋은 책을 만들어준 글마당 편집팀에 고마움을 표합니다.

2019. 9. 15.   장 순 흥

01 원자력 37년, 꼭 남기고 싶은 이야기들

장순흥 제가 이번에 정년을 맞으면서 꼭 남기고 싶은 이야기, 특히 카이스트에 근무하면서 있었던 일들을 이야기하고 싶습니다. 그동안 물론 힘든 일도 있었지만 참 의미있고 좋은 일이 많았습니다. 원자력 기술 자립부터 수출까지 이어지는 과정에서 한 역할이라든가 여러 면에서 의미 있는 일이 많았기 때문에 그런 일들을 한 번 정리하여 남기고 싶은 차원에서 오늘 대담을 마련했습니다.

특별히 오늘 대담의 파트너로 백원필 박사를 초대했어요. 내가 카이스트(KAIST)에 부임했을 때부터 학생으로 있었던 원자력공학과 1기 학생이고, 최근에 원자력연구원의 부원장까지 지낸 훌륭한 제자이자 동료 과학자, 원자력인으로서 걸어온 지난 30여 년을 같이 되돌아보면 좋겠어요. 나도 이야기하겠지만 백원필 박사 입장에서도 궁금했던 점이나 추가하고 싶은 이야기를 함께 회고하면 좋겠어요.

백원필   우선 교수님 정년을 앞두고 이런 자리에서 같이 말씀을 나누게 되어 너무 영광입니다. 1982년 여름에 오셨으니까 어느덧 37년입니다. 37년 동안 정말 한결같이 여러 가지 중요하고 좋은 일을 많이 해주셔서 그동안에도 많은 은혜를 입었습니다. 또 이 자리가 한국 원자력의 역사를 한 번 쭉 되짚어 볼 수 있는 기회가 될 것 같아서 아주 기쁘게 생각합니다.

02 카이스트 원자력공학과와
원자력 기술자립의 시작

백원필　교수님께서는 저희 원자력공학과 석사과정 1기 학생들이 1
학년이던 1982년 7월 카이스트에 부임하셨습니다. 그때 학과에는 전
문헌 교수님 한 분만 전임으로 계셨습니다. 카이스트의 학과 중에서
는 원자력공학과(당시 핵공학과)가 중간에 만들어져서 저희가 카이스
트 전체로는 10기 입니다만, 먼저 원자력공학과의 의의, 그리고 중요
한 역할을 해온 우리 연구실의 의의를 말씀하시면서 시작하면 좋겠습
니다.

장순흥　그렇죠. 1982년도에 제가 카이스트에 왔는데요. 그때
전문헌 교수님 혼자서 아주 열심히 하고 계실 때입니다. 그래
서 제가 같이 참여해서 우리 원자력공학과를 어떻게 발전시킬
것인가 하는 고민을 열심히 했습니다. 그때 우리는 "우리나라
를 위해 카이스트가 무엇을 해야 되겠는가, 우리 원자력공학과

카이스트 원자력 및 양자공학과

카이스트 원자력 및 양자공학과는 1980년 3월에 핵공학과라는 이름으로 처음 발족되어, 1982년에는 석사과정, 1984년에는 박사과정이 개설되었다. 현재 18분의 전임직/영년직 교수들이 약 315명의 학생들과 원자력 에너지 시스템, 핵주기 및 환경, 의료방사선 기술, 및 방사선나노과학및 응용기술에 걸쳐 다양한 분야의 교육 및 연구활동을 펼치고 있다. 발족한 이래 2017년까지 배출한 졸업생은 총 1,360명이며 (학사 205명, 석사 778명, 박사 377명) 특히 박사인력 배출에 있어서 국가를 이끌어 왔다.

2018년을 기준으로 학과의 연간 연구비는 약 백억원 수준으로 미국의 유수한 대학과 비교해서도 동등하거나 높은 수준이다. 또한 2013년과 2014년 사이에 출판한 논문편수는 140편으로 같은 기간 미국의 MIT(167), 미시간대학(99), 버클리대학(80)과 비교할 때 거의 동등한 수준이며 같은 기간 논문의 인용횟수는 157건으로 역시 미국의 MIT(478), 미시간대학(123), 버클리대학(124)과 비슷한 수준이다.

카이스트 원자력공학과 (현 원자력 및 양자공학과)

년도	내용
1980.03	원자력공학과 설립 허가(서울)
1982.03	대학원 석사과정 개설
1984.03	대학원 박사과정 개설
1990.04	대덕캠퍼스로 이전(대전)
1991.03	학부과정 개설 신형원자로연구센터(CARR) 설립
2002.01	원자력 및 양자공학과로 학과 개명
2006.07	방사선 및 핵 의공학연구센터 설립
2011.07	이병휘 원자력정책센터 설립
2014.04	핵비확산 교육센터(NEREC) 설립
2016.06	자율운전 소형모듈형 원자로 연구센터(CASMRR) 설립

원자력공학과 1기 졸업생 단체사진
(앞 열 좌측부터 우측으로 장순흥 교수, 전문헌 교수, 고 이병호 교수, 이건재 교수, 노희천 교수, 송성일, 신상운, 백원필, 정석웅, 전주영, 박종률, 윤명현, 박지원, 김명기, 성창경, 최종호, 조원진, 서규원, 변철수, 이창로, 나기용)

장순흥 교수 연구실 1기 졸업생

는 과연 어떤 역할을 해야 하는가." 하는 고민이었지요.

그래서 잘 알다시피 우리가 원자력 기술자립, 특히 원자력발전소 기술자립에 많은 역할을 해야겠다고 생각했고, 분야도 원자력 기계공학, 원자력 전기공학, 원자력 화학공학, 이런 식으로 공학분야 중심으로 학교를 끌고 가는 것이 좋겠다고 판단했습니다. 공학이라는 것이 설계를 포함해서 진짜 기술자립에 실질적으로 기여하는 것이고, 그런 분야에 필요한 인력을 양성해야겠다고 생각한 거지요.

그때 1기 학생들에게 참 미안했던 일이 있는데, 기술자립 기여를 위해 학과가 설립되었기 때문에 백원필 박사를 포함한 1회 졸업생은 누구도 박사과정으로 바로 진학하지 못한 일입니다. 다른 학교나 다른 학과에서 석사를 한 학생들은 박사과정으로 올 수 있는데 우리 원자력공학과 1회 학생들은 일단 모두 산업체로 가지 않았습니까?

백원필 네.

장순흥 그래서 1기 학생들이 모두 산업체나 연구소로 갔는데 백원필 박사는 한국중공업[1]으로 갔지요. 그때 그만큼 우리가 기술자립이라는 목표에 투철했던 것 같아요. 특히 우리 연구실

---

1. 과거 발전설비를 생산하던 공기업. 외환위기 이후 민영화되어 현재의 두산중공업이 되었다.

원자력,   19
상아탑을 넘어 수출까지

에서 내가 강조했던 것은 원자력 기술의 핵심이 원자력 안전과 관련된 기술이라는 거였어요. 원자력 시스템에 대한 설계도 안전 관련 설계가 대부분이고, 그래서 원자력 안전에 대해서 신경을 많이 썼죠.

그때 원자력 안전은 기술자립이나 설계에도 중요하지만 안전 규제에도 굉장히 중요했어요. 그래서 저는 '원자력 안전 교육과 연구를 통해서 설계인력과 규제인력을 동시에 양성하는 그런 연구실이 되어야겠다.'고 생각했죠. 제가 카이스트에 개설한 여러 강의들 중에서도 '원자력 안전'과 '원자력 설계'가 메인 강의였어요.

그리고 저는 카이스트에 부임한 타이밍이 참 좋았다고 생각해요. 제가 오기 1년 전부터 미국 벡텔(Bechtel)[2]사에 근무를 하면서 마음속으로 여러 가지 구상을 했었거든요. '아, 원자력 기술자립을 어떻게 해야 할 것인가.'하는 고민을 했었는데, 귀국해서 보니까 분위기가 조금씩 잡혀가고 있더라고요. 그래서 '이제는 우리가 원자력 기술자립을 해야 되겠다.'하는 국내 분위기와 카이스트 원자력공학과가 나아가는 방향이 일치가 됐습니다.

---

2. 미국 버지니아 주에 본사를 둔 미국 최대의 종합 건설 회사. 발전소, 석유 콤비나트, 댐, 공항 등 기간시설의 건설, 엔지니어링, 물자조달, 사업관리를 수행한다. 1970년대에 한국전력기술이 벡텔사에 기술자를 파견하여 고리3,4호기와 한빛 1,2호기의 기술능력을 제고시켰다.

원자력공학과 2기 졸업생 단체사진

장순흥 교수 연구실 2기 졸업생

그런 면에서 저는 우리 카이스트 원자력공학과의 출범은 한국의 원자력 기술 자립에 있어서 굉장히 의미가 컸다고 생각합니다.

백원필 사실 저희도 카이스트에 원자력공학과가 생긴다고 하여 기대가 컸습니다. 그런데 카이스트에서는 석사과정을 전부 산학(産學)으로만 뽑겠다고 하는데 한전에서는 학부에서 원자력을 전공한 사람은 산학으로 안 보내겠다고 해서 매우 당황스러웠습니다. 그래도 산학이 아니더라도 지원은 할 수 있어서 16~17명의 원자력과 동기가 입학시험을 보았는데, 소속이 없는 지원자는 원자력과 출신 4명, 기계과 출신 1명만 선발되었습니다. 나머지 11명은 모두 산학 합격자로, 원자력연구소와 현대건설에서 이미 근무하던 원자력과 출신 선배 두 분을 제외한 9명은 기계, 전기, 전자, 화공 등을 전공한 산학 지원자들이었고, 대부분 한전 소속이었습니다.

합격자 발표 다음날 당시 학과장이시던 전문헌 교수님께서 "한국중공업과 원자력연구소[3] 중에서 소속 기관을 골라라."고 하셔서 3명은 한국중공업을 2명은 원자력연구소를 선택했습니다. 당시에는 좀 황당하게 생각했지만 지내놓고 보니 그게 꼭 나쁜 것은 아니었습니다. 다른 과에서 온 친구들이 출신 학교에서 대부분 수석을 할 정도로 뛰어

---

3. 1959년 개소한 원자력연구기관. 2007년 한국원자력연구원(KAERI)으로 개명.

났고, 16명이 똘똘 뭉쳐서 재미있게 2년을 보냈거든요. 또 그 친구들이 지금까지 원자력 산업계에서 많은 역할을 했다고 생각합니다.

장순흥 네, 여러 전공이 모여 공부한 것은 좋았어요.

백원필 네. 제 개인적으로 봐도 한국중공업에서 3년 반 있었던 것이 박사 논문을 쓸 때는 별 도움이 안 됐지만 나중에 연구소 가서 일할 때는 큰 도움이 됐습니다. 한국중공업에서 익힌 원자력발전소 시스템과 증기발생기 설계기술, 구조해석 기술, ASME 코드[4] 이해, 실제 압력용기 설계하고 제작을 관리해본 경험이 아틀라스(ATLAS)[5]를 비롯한 실험시설 구축과정에 중요한 의사결정을 하는데 큰 도움이 되었고, 지금까지 안전 전문가로 활동하는데도 힘이 되고 있습니다. 그래서 박사과정 진학이 늦어진 점 등 아쉬움은 있었어도 크게 보면 도움이 된 부분도 많았다고 생각합니다.

---

4. 미국기계학회(ASME)가 발행하는 구조물에 대한 구조설계기준이자 공업규격. 우리나라에서도 원자로설비의 설계기준은 ASME 코드를 참고하여 작성되어 있다.
5. 세계 3대 규모의 대형 열수력 종합효과 실험장치. 원자력연구원에 위치.

03 한필순 박사님과의 만남과
카이스트 연구원 과정

장순흥 그 초창기 이야기를 좀 더 하자면 이렇습니다.

백원필 네.

장순흥 제가 초창기에 카이스트에 왔을 때 몇 가지 중요한 일이 있었지요. 먼저 꼭 이야기하고 싶은 것은 제가 참 좋은 분들을 많이 만났다는 거예요. 그 중에 잊을 수 없는 분들이 계시는데, 특히 초창기에 만났던 원로분들이 저를 많이 도와주셨습니다. 굉장히 많은 분들이 이해해주시고 도와주셨지만, 그중에서도 특히 원자력 기술 자립에도 크게 기여하셔서 제가 가장 고맙게 생각하는 두 분을 말씀드려야 할 것 같습니다.

한 분은 원자력연구원의 한필순 박사님이신데. 제가 1982년에 한국으로 귀국했을 때, 그

| 고 한필순 박사

분은 원래 국방과학연구원(ADD)에 계시다가 같은 해에 원자력 연구원의 분원장으로 와 계셨어요.

백원필 예, 핵공단[6](한국핵연료개발공단)···

장순흥 핵공단 분원장이셨는데 이 분과 처음 만나게 된 과정은 이렇게 된 겁니다. 사실 여러 측면에서 중요한 이야기입니다. 뭐가 있었냐하면 우리 카이스트가 1982년 9월부터 연구원 과정을 시작했습니다. 이 연구원 과정이 원자력 기술과 산업 발전에 엄청난 영향을 미쳤어요.

다시 강조하지만 우리나라의 원자력 기술 자립에 카이스트 연구원 석·박사 출신들이 엄청난 기여를 했습니다. 그 이유가 뭐냐 하면 당시 우리나라에서는 서울대학교를 포함하여 원자력공학박사가 1년에 한 명도 안 나올 정도였어요. 그러다 보니까 정말 훌륭한 연구소 인력들이 석·박사를 하겠다는 의욕이 대단했던 것 같습니다.

백원필 네, 맞습니다.

장순흥 그래서 저는 1982년 9월에 첫 수업을 대덕 원자력연구원, 그때 분원장 바로 옆방에서부터 시작했는데 그때부터 참여한 분들을 비롯하여 원자력연구원 소속의 연구원과정 학생들이 아주 큰 기여를 합니다. 그리고 연구원 과정 강의를 할 때의 분

---

6. 핵연료의 공급을 위한 가공 및 그 연구 개발 업무를 수행하기 위해 1976년 12월 발족한 공단. 1980년, 현 원자력연구원에 흡수 통합.

원장이 앞서 언급한 한필순 박사님이셨어요. 그때 저는 미국에서 막 귀국했었고 그분은 분원장으로서 ADD에서 오셨는데, 수업에도 가끔 오시고 수업 후에 점심을 같이 할 기회도 많았어요. 점심을 같이하며 이야기를 나눴는데, 그분이 원자력 전문가는 아니었어도 기술자립에 대한 의지가 굉장히 강하셨어요. 그래서 저한테 의견을 많이 물었는데, 제가 그때 한필순 박사님께 제안했던 것은 뭐냐 하면 "기술 개발만 따로 하면 기술 자립이 안 된다. 사업을 통한 기술 개발을 해야 한다. 그래서 원자력연구원도 사업을 좀 하면 좋겠다."고 강조를 했습니다.

그 당시에 제가 원자력연구원이 사업하는 게 굉장히 중요하다고 생각한 이유는 미국에서 한국의 기술자립전략을 고민하면서 한국을 객관적으로 진단할 때 원자로 설계 분야가 가장 취약하다고 느꼈기 때문입니다.

당시에도 우리나라의 기본적인 능력은 굉장히 좋다고 판단했어요. 예를 들어 현대건설을 비롯하여 건설 능력이 좋았고, 한국중공업의 제조 능력도 세계적이었지요. 한국전력에 굉장히 유능한 분들이 많아서 원전건설 사업관리 능력도 좋았습니다. 그리고 한국전력기술, 즉 KOPEC[7] 분들도 굉장히 능력이 좋았어요. 미국 벡텔사에서 교육도 많이 받아서 제가 거기 있을 때 한 매년 100명씩 정도 와 있었거든요. KOPEC이 하는 종합설계능력, 즉 설계용역(A/E, Architect Engineering) 능력도 좋았어요. 빠진 게 뭐냐 하면, 핵연료 노심설계하고 핵증기공급계통(NSSS, Nuclear Steam Supply System), 즉 원자로계통 설계였어요. "핵연료와 원자로계통설계만 하게 되면 우리가 기술자립 한다. 그런데 내가 보기에는 원자로계통 설계나 핵연료 설계를 할 수 있는 곳은 원자력연구원 뿐이다. 그래서 원자력연구원이 사업에 참여해야 되고, 원자력연구원이 이 두 가지 사업에 참여하게 되면 여기 계신 분들이 또 굉장히 우수하기 때문에 잘 될 거다." 그랬더니 한필순 박사님이 "그렇습니까? 그러면 내가 딴 건 몰라도 사업은 꼭 따오겠다."고 하셨는데, 정말로 한필순 박사님이 그 사업을 수주해 오지 않았습니까?

사실 이 과정에서 산업부와 한전 등 산업계의 굉장한 반대가 있었는데, 한필순 박사님이 이런 반대를 무릅쓰고 원자력연구원이 사업에 참여할 수 있도록 이끈 것이 원자로계통 설계와 핵연료 및 노심설계 기술 완성에 큰 역할을 하지 않았나 생각합니다. 그런 면에서 저는 한필순 박사님이 원자력 전문가는 아니시지만 그 사업들을 유치해 오시고 끝까지 정말 잘 이끄시면서 끝내 성공한 것은 정말 대단한 일이고, 매우 감사하게 생각합니다.

---

7. 한국전력기술. 현재 KEPCO E&C로 영문 사명 변경

'원자력 기술자립 신화 주역' 한필순 박사 타계

우리나라 원자력 기술자립 신화를 이끌며 '원자력계의 대부' 한필순 전 한국원자력연구소장이 타계했다. 향년 82세.

한국원자력연구소는 25일 한 전 소장이 심장마비로 타계했다고 밝혔다.

평남 강남군에서 출생한 고인은 공군사관학교와 서울대 문리과를 졸업하고 미국 일리노이대 석사, 캘리포니아대 박사를 거쳐 1970년부터 국방과학연구소에서 무기국산화 사업에 참여했다.

1982년 한국원자력연구소의 전신인 한국에너지연구소 대덕공학센터장으로 부임하며 원자력과 첫 인연을 맺은 후 1991년까지 한국원자력연구소 소장과 한국핵연료주식회사 사장으로 재임했다.

이 기간 중 고인은 원자력 기술자립을 제1의 목표로 삼아 중수로 및 경수로 핵연료 국산화, 원자력발전 기술의 핵심인 한국표준형 원자로 개발, 열출력 30MW 연구용 원자로 '하나로' 개발 등 우리나라 원자력기술을 세계적으로 수준으로 끌어올렸다.

2009년 우리나라가 사상 처음으로 아랍에미리트(UAE)에 상용원전을 수출한 것도 고인의 의지가 있었기에 가능했다는 평이다.

서울경제 2015.01.25
디지털미디어부

04 이상훈 박사님과의 만남

백원필   다른 한 분은 누구신가요? 물론 저도 짐작합니다만…

장순흥   원자력안전기술원(KINS)[8] 초대 원장이셨던 이상훈 박사님이시지요. 이분은 제 이야기를 참 많이 들어주셨어요. 우리나라는 영광 3,4호기(지금의 한빛 3,4호기)를 통해 원전 설계, 제작, 건설 기술을 자립했는데, 올바른 안전규제가 매우 중요합니다. 우리나라의 원자력 안전규제는 이상훈 박사님 때 기술적으로나 절차적으로나 모두 크게 발전하지요. 좋은 인재들을 많이 길러내셨고, 저와는 거의 매주 월요일마다 만나서 중요한 이슈들에 대하여 이야기를 많이 나눴습니다.

우리나라가 영광 3,4호기를 통해 설계, 제작, 건설 기술자립도 했지만, 안전규제 수준도 완전히 국제적 수준이 됐어요. 경수로 국산 핵연료의 인·허가에서도 큰 역할을 하셨어요, 하여튼 저는 그 당시 이상훈 원장님이 매주 월요일 오후에 제 이야기를 많이 들어주시고, 또 제가 조언을 할 기회를 많이 주셔서 참 고마웠어요. 그 외에도 감사하고 싶은 분들이 굉장히 많은데, 그 두 분이 그래도 중요한 메인 프레임을 만들어 주신 것 같아요. 다시 앞의 얘기로 돌아가 카이스트의 연구원 석·박사 과정이 굉장히 중요한 역할을 했다고 다시 한번 강조하고 싶어요.

백원필 사실 다른 과에서는 연구원 과정이 별로 성공을 못한 것으로 압니다만…

장순흥 네.

백원필 우리 과만 특별한 성공을 거두었습니다.

장순흥 네, 맞아요. 특히 우리 과의 연구원 석·박사 과정이 성공을 한 이유가 뭐냐 하면 노심 설계나 원자로계통 설계의 주역들이 당시 모두 연구원 과정들이었어요.

백원필 네, 맞습니다.

장순흥 그래서 연구원 과정 학생들과의

| 이상훈 박사

---

8. 원자력의 생산 및 이용에 따른 재해로부터 안전을 유지하기 위해 설립된 원자력안전규제 전문기관. 1990년 원자력연구원으로부터 분리 독립.

| 이병령 박사

수업 시간에도 바로 노심 설계나 원자로계통 설계, 핵연료 설계를 가지고 수업을 했어요. 그때 함께 한 대표적인 분들로 원자로계통 설계 책임자인 이병령 박사, 노심 설계의 문갑석 박사, 가장 핵심 기술이라 할 수 있는 냉각재 상실사고(LOCA, Loss-of-Coolant Accident) 해석의 이상용 박사가 먼저 기억나네요. 그다음에 과도해석 총 책임자였던 고 김희철 박사도 있어요. 아깝게 세상을 떠났지만…

백원필 네, 김 박사님은 아깝게 돌아가셨죠.

장순흥 고 김희철 박사, 이상용 박사, 문갑석 박사 등 뭐 굉장히 많았지요. 그리고 안전규제의 핵심 역할을 했던 사람 중에 원자력안전기술원에서 영광 3,4호기 안전심사책임자를 맡았던 고 이승혁 박사가 있는데 이 분도 카이스트 연구원 과정이었어요. 구본현, 윤원효, 윤원형 박사 등 이런 분들이 모두 연구원 과정을 통해서 석·박사를 하신 분들입니다. 그래서 제가 보면 좀전에 백원필 박사도 말한 것처럼 우리 과에서는 연구원 과정이 크게

| 고 이승혁 박사

성공한 거예요. 어느 해인가 계산해보니까 카이스트에서 배출된 원자력 박사 수가 그때까지 한국에서 나온 총 박사 수와 같았습니다. 단 한 해에…

백원필 예, 고급 원자력 인력 양성에서의 카이스트의 기여는 정말 컸다고 생각합니다.

장순흥 그때 우리에게 참 좋았던 것은 많은 곳에서 정말 카이스트를 많이 도와주셨어요. 알다시피 카이스트 원자력공학과가 생기면서 한전하고도 관계가 굉장히 좋았어요. 그래서 한전 사장이 우리를 여러 번 식사에 초대하기도 하고, 우리 학생들도 한전에 많이 가지 않았습니까?

그리고 석사를 졸업하고 한전에 가면 얼마 지나지 않아 바로 간부가 되는 제도도 있었어요. 하여튼 처음에 한전이 카이스트에 굉장히 우호적이었던 것도 기술자립에 큰 도움이 됐습니다. 그 당시 원래는 원자력연구원과 한전 간의 관계가 별로 좋지 않았죠. 왜냐하면 소속 부처가 원자력연구원은 과기부, 한전은 동자부(산자부)로 서로 달랐으니까요. 늘 그랬었는데 그때 카이스트에는 훌륭한 교수님들이 계셨어요. 원로이신 윤용구 박사님이나 고 이병휘 교수님이 오시면서 양 부처 간의 중간 역할도 많이 해 주셨어요. 그래서 제가 어떤 좋은 안을 냈을 때, 양쪽 부처를 설득하는 데도 큰 도움이 됐어요.

백원필 카이스트 원자력공학과가 늦게 생겼지만 좋은 교수님들 덕

전문헌 교수(좌), 이상훈 박사(중),
장순흥 교수(우)

택에 바로 자리를 잡았습니다.

장순흥 그런 면에서 정말 전문헌 교수님께서 우리 카이스트 원자력공학과에 많은 역할을 하셨는데, 전문헌 교수님은 제일 먼저 오셔서 학과 창립과 초기 운영방향 결정에 큰 공헌을 하셨어요. 또 고 이병호 교수님이라고 원로 교수님이 계셔서 우리 학과에 버팀목 역할을 해주셨어요. 저보다 늦게 오셨지만 윤용구 교수님과 고 이병휘 교수님은 워낙 인망(人望)이 좋으셨던 분들이고 저한테도 늘 뒤에서 많은 응원을 해주셨지요.

제가 온 뒤에 김인섭 교수님과 노희천 교수님이 곧 오셔서 큰 도움을 주셨고. 이건재, 조남진, 성풍현, 조규성, 임만성, 김용희, 최성민, 장창희, 조성오, 윤종일, 정용훈, 강현국 교수님 등 많은 교수님들이 합류하면서 튼튼한 교수진이 꾸려졌습니다. 그리고 외부에서는 김종현, 장윤일, 이재승, 김병구, 임창생 교수님이 초빙교수로 오셔서 학과에 큰 도움이 되었습니다. 최근에는 김영철, 류호진, 이정익, 장동찬, 장창희, 조승룡, 최성열, 최원호 교수와 같은 훌륭한 교수들도 합류하면서 지금의 교수진은 세계 어디에 내 놓아도 뒤지지 않아요. 여기에 연구원 과정과 정규 과정이 적절히 결합이 되어서 상승작용을 일으켰고, 정규 과정 학생들은 또 산업체에 많이 진출하여 큰 역할을 했어요.

요즘 연구원 과정 수업과 관련하여 생각하는데요. 그 연구원 과정 수업에 프로젝트 수업이 많았는데, 그게 아주 바람직한 수업이었고 의미가 컸다고 봅니다. 특히 연구원 과정 수업을 사업, 그러니까 설계하는 인력들과 안전규제하는 인력들이 함께 수강했기 때문에, 수업 시간에 허심탄회하게 논의하는 기회가 만들어졌어요. 저는 그것이 올바른 방향으로 기술 개발이 이루어지고 안전규제 실력도 올라가는 좋은 계기가 되지 않았나 생각합니다.

초기 원자력공학과 교수 부부동반 망년회 (1988.12)

카이스트 원자력공학과 교수진 (2012.06)

원자력안전기술원 대덕단지에 이달 발족…

정부가 원자력의 안전성을 강화하기 위해 세우는 원자력안전기술원이 이달 중순 대덕에서 문을 연다. 원자력안전기술원은 지난해 정기국회에서 원자력안전기술원법이 통과됨에 따라 지난 81년 한국에너지연구소의 부설로 설치된 원자력안전센터를 독립기관으로 확대발전시키는 것이다.

현 원자력안전센터의 이상훈 소장이 초대원장으로 내정된 원자력안전기술원은 대덕 에너지연구소 부근 원자력안전센터의 기존 부지를 당분간 활용하며 인력과 예산을 연차적으로 확대해나갈 계획이다. 약 4만평의 부지를 마련할 계획인 원자력안전기술원은 인력규모를 올해 267명에서 92년까지 300으로 늘려나가고 예산은 올해 47억 원에서 92년에는 90억 원 수준으로 두 배 가까이 늘릴 방침이다.

그동안 원자력안전센터가 원자력의 이용에 따른 방사선피해로부터 국민을 보호하고 환경을 보전하기 위해서 전문적인 안전규제업무를 맡아왔지만 최근 국내 원자력발전소가 이미 12호기까지 건설에 들어갔고 산업체와 의료시설에서 이용하는 방사성동위원소의 이용이 늘어나면서 원자력안전센터의 확대가 불가피한 실정이었다.

한국경제
1990.02.12.

05 안전감압장치와 한국 원전 설계기술의 발전

백원필 교수님께서 카이스트에 부임하신 이후 하신 일이 참 많습니다. 모든 것을 다 여쭤보고 싶지만 시간이 한정되어 있으므로, 중요하다고 생각하는 것들을 중심으로 말씀을 듣는 시간을 갖겠습니다. 먼저 1980년대 후반 영광 3,4호기를 통한 기술자립 과정에서 큰 역할을 하시지 않았습니까? 실제 설계 관점에서도 그렇고 또 인허가 관점에서도 그런데, 이에 대한 말씀을 먼저 해주시면 좋겠습니다.

장순흥 제가 미국 벡텔사에 있을 때 두 종류의 플랜트에 대해서 많은 경험을 했습니다. 하나는 웨스팅하우스형인데, 그때 벡텔사에서 우리 고리 3,4호기, 영광 1,2호기와 같은 마안산(Maanshan, 대만) 프로젝트를 하고 있었습니다.

마안산 1,2호기, 고리 3,4호기, 영광 1,2호기는 모두 똑같은 웨스팅하우스 3-loop 원전이지요. 그 다음에 팔로 버디(Palo

Verde)[9]라고 해서 CE(Combustion Engineering)의 1,300MW급 System 80 원전을 많이 접했습니다.

그런데 우리나라의 원전기술자립사업의 대상인 영광 3,4호기가 바로 CE의 System 80를 1,300MW에서 1,000MW로 줄이는 원전이 된 겁니다. 그래서 그때 수업에서 제가 늘 "핵심은 뭐다."라고 얘기했어요. 뭐냐 하면 "우선 어떻게 1,300MW를 1,000MW로 줄이느냐."를 굉장히 강조하고, 확률론적안전성평가(PSA, Probabilistic Safety Assessment)[10]의 적용도 강조했어요. 그때 제가 아마 도입을 적극적으로 했었지요?

백원필 네.

장순흥 PSA를 통해서 '어떻게 하면 중대사고 발생을 줄이고 만일 중대사고가 발생하더라도 그 결과를 완화시키느냐.' 이런 관점에서 System 80를 봤습니다. 그 결과 System 80이 여러 가지 장점을 갖고 있더라도 필요할 때 원자로계통의 압력을 낮추는 안전감압장치[11]가 없는 것은 커다란 취약점이라는 판단을 하

---

9. 미국 애리조나 주에 위치한 1,300MW급 가압경수로. 1~3호기가 현재까지 가동 중.
10. 사고 전개 시나리오를 분석하여 모든 사고에 수반되는 전반적인 위험도를 정량적으로 분석하는 안전성 평가방법.
11. 원자로와 냉각계통의 압력을 낮춰 과압의 위험으로부터 보호하고 냉각수가 원활히 투입될 수 있도록 돕는 장치.

게 되었어요. 이 안전감압장치가 없으면 충전 및 방출(Feed & Bleed)[12]을 못 하니까 중대사고가 일어날 확률이 높아지지요. 그리고 중대사고가 났을 때 고압 용융물 방출(HPME)[13]에 의한 격납용기 직접 가열(DCH)[14]이 발생하는 것을 예방하기 위해서도 안전감압이 반드시 필요해요.

그래서 "영광 3,4호기에는 반드시 안전감압장치를 설치해야 한다."고 제가 강하게 주장했습니다. 그래서 제가 맡은 원전설계 수업시간에서는 "어떻게 하면 중대 사고를 줄이고 완화하는가"를 핵심 목표로 삼으면서 1,300MW의 System 80 설계를 1,000MW로 줄이는 이런 수업을 많이 했어요. 그런데 안전감압장치를 달아야 하고 그게 제일 중요하다는 결과는 나왔는데, CE와 한전 사람들을 설득하기가 너무 어려웠어요. 미국에서도 달지 않은 것이니 안 하겠다는 거죠. 제가 그 사업 초기에서부터 이것은 반드시 해야 된다고 계속 주장했는데 받아들여지지 않다가, 발전소 가동을 한 2년쯤 남겨놓고 사업자가 전격적으

---

12. 냉각계통으로 냉각수를 충전한 후 다시 방출함으로써 원자로의 잔열을 제거하는 사고대처개념.
13. High Pressure Melt Ejection. 원자로 냉각계통이 고압상태일 때, 원자로용기에 균열이 생겨 노심용융물이 격납건물 내로 분사되는 현상.
14. Direct Containment Heating. 격납건물의 온도와 압력을 급격하게 상승시켜 격납건물 손상을 유발하는 현상.

로 수용하는 결정을 했습니다.

그런데 이 과정에서 제가 CE와 원자력연구원의 설계하는 분들과 많이 만나서 설득했어요. 어떤 때는 대규모의 CE 사람들하고 토론을 하면서 그분들을 설득을 했는데, 그게 지금 생각해도 가치가 있었어요. 1995년쯤 영광 3,4호기가 완공되면서 기술자립이 된 후 한전에서는 "우리나라의 영광 3,4호기는 우리가 참조했던 System 80보다 중대사고가 일어날 확률을 10분의 1로 낮췄다."고 크게 강조했습니다. 지금 생각해도 저에게는 굉장히 보람 있었던 일이었어요.

그리고 또 하나 중요한 점이 있어요. 내가 보기에는 영광 3,4호기 설계 때부터 우리나라가 미국하고 실력이 대등했어요. 많은 케이스가 있는데, 제가 미국 사람들한테 늘 "당신들한테 개념설계는 뒤떨어지지 않는다"는 얘기를 했습니다.

백원필 그렇죠.

장순흥 "우리 한국이 경험이 부족할 뿐 개념설계나 기본설계는 실력은 안 떨어진다."고 판단했고 기회가 있을 때마다 강조했었지요. 그런데 그 당시나 지금 우리나라의 다른 분야 상황을 대개 보면 화력발전소나 조선이나 많은 중공업 분야에서 개념설계는 그대로 들여오는 겁니다. 대개 한국이 했던 건 개념설계를 들여와서 상세 설계하고 제조 또는 건설을 하는 것인데, 저는 우리나라가 완전한 원자력 기술자립을 할 수 있었던 것은 개념설계에서부터 다뤘기 때문이라고 생각해요.

영광 3,4호기에서 미국 System 80의 출력을 1,300MW에서 1,000MW로 낮추고 설계를 최적화하여 건설하면서 발전소를 표준화한 과정이 기술자립에 결정적인 도움이 되었어요.

그런데 그 개념설계에 가장 도움이 되었던 거는 PSA입니다. PSA를 통해 열수력 설계와 중대사고 완화설계의 약점과 강점을 확인하고 최적화 할 수 있는 거죠. 이것을 통해서 개념설계 측면에서 CE 사람들하고 대등하게 토론을 했고, 우리가 오히려 어떤 면에서는 더 앞서 나갔어요. 그래서 나중에 APR1400 개념 설계 이야기에 가면 더 그런 얘기가 나오겠지만, 우리가 영광 3,4호기 할 때부터 시스템 설계, 즉 개념설계에서 뒤지지 않았기 때문에 APR1400, SMART, APR+ 등 더욱 발전된 원자력발전소 설계를 주도적으로 개발할 수 있있습니다.

06 핵연료 국산화 과정과 새로운 규제 적용

장순흥 그다음에 백원필 박사가 정말 잘 아는 것 중에 우리가 경수로 핵연료를 국산화하는 문제가 있었어요. 경수로핵연료 설계·제조 기술과 교체노심설계 기술 자립을 독일과 협력하여 추진했잖아요?

백원필 예, 독일 카베우(KWU)[15]사로부터 기술을 전수 받았습니다.

장순흥 저는 이 일을 원자력연구원(KAERI) 중심으로 추진해야 된다고 제일 먼저 주장했던 사람으로 큰 관심을 갖고 봤는데, "그때 나에게서 어떻게 그렇게 좋은 아이디어가 나왔을까" 스스로도 좀 궁금해요. 그런데 국산화를 추진하는 과정에서 나

---

15. Kraftwerk Union AG. 독일의 발전소 건설(주로 원자력발전소) 회사. 나중에 독일 지멘스(Siemens)의 발전소 사업부가 됨.

자신도 돌이켜보면서 놀랄 정도로 중요한 기여를 한 게 하나 있어요. 그게 뭐냐 하면, 사실 KWU 핵연료를 도입하면서 가장 큰 어려움에 봉착한 것이 LOCA 해석이었어요. 우리나라는 미국 원자력규제위원회(U.S.NRC)의 규정에 따라 LOCA 해석을 했는데 KWU 전산 코드를 사용하면 미국의 LOCA 규제 요건을 만족시키지 못하는 거였어요. 커다란 문제인데, 근본 원인은 KWU 전산 코드가 좀 더 정밀하게 계산을 못 해서 그랬던 거죠.

백원필 보수적인(Conservative) KWU 전산코드에 미국식 모델과 요건을 적용하면서 생긴 문제였지요.

장순흥 네, KWU 전산코드가 미국 코드들보다 너무 '보수적'이어서 일반적인 방법으로는 국산화한 핵연료의 인허가가 어려운 거예요. 그때 LOCA 해석 책임자로 연구원과정 학생이었던 이상용 실장과 핵연료 국산화사업 책임자인 김시환 박사님과도 해결방안에 대해 많이 이야기 했어요.

원자력안전기술원의 이상훈 원장님은 "이 상태로는 인·허가를 줄 수 없다. 이 문제를 해결할 방법이 있겠느냐?"고 의견을 요청하셨고… 그때가 1988년도인데, LOCA 해석요건을 만족시키지 못하여 한국형 핵연료 사업이 실패로 돌아갈 수도 있는 기로에 서 있었어요. 당시 해석 책임자인 이상용 실장도 뭐 별수가 없는 거예요.

그런데 저에게 아이디어가 하나 번뜩 떠올라서 제안한 것이 미국 원자력규제위원회가 최근에 승인한 새로운 해석방법론인 최적계산+불확실도 정량화(Best Estimate plus Uncertainty; BEPU) 방법을 적용해 보자는 거였습니다. 미국이 그때 새로운 규제요건으로 제시한 것이 "Appendix-K에 따른 전통적인 방법을 사용하는 대신 BE-Uncertainty 방법을 써서 보여줘도 좋다."였어요. 그런데 계산 과정이 복잡하여 미국에서도 실제 적용까지는 못 가고 준비하는 단계였는데 우리가 먼저 실제 규제에 적용한 것이지요. 방법론 및 불확실도 평가는 카이스트가, RELAP[16] 코드의 계산과 검증은 서울대와 원자력안전기술원에서 맡아서 했는데, 데이터 부족 등 불확실한 부분은 상당히 보수적으로 처리했음에도 핵연료 피복재 온도가 당초 KWU 코드가 계산한 값보다 낮게 나왔습니다.

그래서 한국형 핵연료 인·허가가 나올 수 있었어요. 웨스팅하우스에서는 "어떻게 이걸 이렇게 할 수 있었느냐."고 깜짝 놀랐지만 미국에서도 허용된 방법론이므로 시비를 걸지 못했습니다. 저는 그때 참 보람있었고, 제가 "이런 방법을 사용하겠다."고 합리적인 제안을 드렸을 때 이상훈 박사께서 그걸 받아주신

---

16. Reactor Excursion and Leak Analysis Program. 원자력발전소의 안전성 분석을 위해 사용되는 열수력 계통 시뮬레이션 프로그램.

것을 무척 감사하게 생각해요. 또 김효정, 이원재, 방영석 박사 등 원자력안전기술원에 우수한 인력이 많아서 가능했습니다.

백원필 맞습니다.

장순흥 네, 로버트 프로스트의 시 〈가지 않은 길〉에 '… 숲 속에 두 갈래 길이 있었다/ 그런데 나는 사람이 적게 간 길을 택하였다고/ 그리고 그것 때문에 모든 것이 달라졌다고' 라는 아름다운 싯귀처럼 그렇게 아무도 안 가 본 길이지만 묵묵히 걸었더니 많은 분들이 이해해주고 열심히 도와주셨지요. 그때 BE-Uncertainty 방법으로 핵연료 국산화 사업의 인허가 문제를 해결한 일은 지금 생각해도 보람이 커요. 물론 지금은 BE-Uncertainty 방법이 널리 쓰이지만…

백원필 네, 지금은 BE-Uncertainty 방법이 오히려 표준이 됐죠.

장순흥 네, 지금은 표준이 됐지만 그 낭시에는 세계 어디도 그렇게 추진해본 곳이 없었습니다. 그런데 우리가 했고, 또 옳은 방향이었기 때문에 보람이 있었고, 굉장히 중요한 일이었습니다. 원자력 안전규제, 저는 그래요. 우리 원자력안전위원회와 원자력안전기술원도 좀 더 능동적 규제를 해야 합니다. 그 당시 원자력안전기술원의 규제는 세계적이었다고 봅니다. 세계 어디라도 내놓을 수 있는 능동적 규제가 필요한데, 실제로는 늘 규제 그러면 피동적 규제만 하는 거죠. 문제만 찾는 게 아니라, 어떻게 보면 안전을 확보하면서 문제를 해결하는 규제. 나는 정말 그때 이 사건은 위대한 규제였다고 생각해요.

백원필　혹시 나중에 듣는 분이 안 되는 일을 억지로 한 것 아니냐고 오해하지 않도록 설명을 좀 덧붙이겠습니다. 원래 우리나라는 Appendix-K라고 하는 미국 규정과 미국 회사들이 거기에 맞춰서 만든 전산코드를 사용하여 LOCA 해석을 했었지요. 독일 KWU에서 핵연료기술을 도입하면서 미국회사의 전산코드를 사용할 권리가 없었기 때문에, KWU에서 제공하는 코드에 관행적으로 Appendix-K를 적용하니까 기준을 조금 초과해버린 겁니다. 미국회사의 전산코드를 사용할 수만 있다면 아무런 문제가 없을텐데 사용권한이 없고, KWU 전산코드는 너무 보수적인 것을 뻔히 알지만 우리가 단기간 내에 수정 할 수도 없는 상황에서 미국에서 새로 허용했지만 누구도 아직 인허가를 해보지 않은 개량된 방법론을 적용하여 문제를 해결한 것입니다. 현재는 대부분의 국가에서 이 방법이 일반화되었으니 올바른 방향으로 우리가 선도적 역할을 한 것이구요.

장순흥　우리가 열악한 상황에서 길을 닦은 거지요.

백원필　그런데 사실 그 과정에서 박상렬 박사가 정말 고생을 많이 했었습니다. 큰 그림은 교수님과 상의 드리면서 저와 함께 그렸지만, 불확실성 정량화 방법을 찾아내고 실제로 분석하느라 고생을 무척 했습니다.

장순흥　네. 그런데 그때 내가 그 일을 할 수 있었던 거는 알다시피 1987년도에…

백원필　캐나다의 초크리버(Chalk River)에 계셨지요.

장순흥　초크리버에 가서 뭘 했냐하면, 최적계산방법 도입 동향을 파악하고 관련 데이터를 확보하는 노력을 많이 했지요, 임계열유속(CHF, Critical Heat Flux)[17] 데이터를 포함해서. 제가 그때 그런 데이터를 확보하면서 이제 불확실성 평가를 할 수 있겠다는 생각을 했어요. 그때 실질적으로 불확실성 평가는 말한 대로 박상렬 박사가 했었고. 그리고 원자력안전기술원의 김효정, 이원재 박사님께도 많은 도움을 받았습니다

지금 돌이켜보면 앞에서도 이야기했지만 원자로계통 설계에서 제일 기여한 것은 역시 안전감압장치인거 같고, 그걸 통해 중대사고 가능성을 줄였다고 생각해요. 나중에 김병구 박사님 책을 보니까 그때 CE에서는 그 안전감압장치 밸브를 장순흥 밸브(Chang's Valve) 라고.

백원필　네, 영어로는 Chang's Valve, 국내에서는 장순흥 밸브라고 불렸다고 합니다.

장순흥　네, 그랬다고….

백원필　그리고 그 당시에 우리 학생들이 그때 Expert 시스템을 개발하면서 한전 현장을 자주 왔다 갔다 했는데요. 그때 얼마나 홀대를 받

---

17. 유체가 가열되어 끓는 비등열전달 현상에서 열전달 효율이 급격히 감소하는 지점. 원자력발전소 노심의 안전 제한치를 나타내는 척도가 된다.

았는지 모릅니다. 안전감압장치 문제로 한전과 갈등이 한창일 때 말입니다.

장순흥 아… 그래요? 그런데 진짜 저한테 엄청나게 많은 압력이 있었던 건 사실이죠.

백원필 압력이 많이 들어왔겠죠.

장순흥 그리고 아무리해도 핵연료 기술자립은 BE-uncertainty 방법에 의해 성공의 역사로 기록되었고… 꼭 남기고 싶은 말은 이거예요. "어떤 어려운 상황에서도 우리가 열심히 하면 또 극복될 수 있다."고 생각합니다.

백원필 핵연료에 대해서는 한 가지 더 있습니다. 90년대 중반에 웨스팅하우스의 그 당시 최신 핵연료인 Vantage-5H와 관련해서 이 사람들이 진동을 줄이려고 지지격자를 회전시키면서도 임계열유속은 영향을 받지 않는다고 했었지요. 교수님께서 국내 인허가 심사과정에서 "분명 문제가 있을 것이다."라고 지적 하시면서 페널티를 부과하시지 않았습니까?

장순흥 네, 그거 굉장히 중요한 포인트인데. 미국 웨스팅하우스가 제일 자랑하는 핵연료 Vantage-5H를 자기네가 진동을 줄이기 위해서 90도 꺾었다고, 신제품을 내놨다고 하길래 제가 "그렇게 하면 분명히 CHF가 더 나빠질 거다. 개선이 아니라 개악이다."라고 그랬거든요.

그리고 "나는 그거에 대해서 좋은 점수를 줄 수가 없다. 그거는 페널티를 줘야 된다."고 그랬는데, 이 사람들은 자신 있다면서 나중에 실험으로 입증하겠다고 했어요. 그래서 실험을 했는데 CHF가 크게 감소한 거예요. 그래서 진짜 제가 예측한 대로 됐는데, 이것이 우리한테 큰 의미가 있어요. BE-Uncertainty 방법 적용과 이 사건을 거치면서 웨스팅하우스가 그때까지의 고자세에서 저자세로 크게 바뀝니다. "모든 기술을 완전히 주겠다. 코드도 다 공유하겠다." 그러면서 웨스팅하우스가 우리를 실질적인 파트너로 대우하는 계기가 됐던 거예요.

"국내 표준원전서 감압장치 사라질 뻔"

영광 원전 3·4호기에 설치돼 있는 '장순흥 밸브'가 뒤늦게 화제다.

21일 한국원자력연구원 등에 따르면 한국전력이 1989년 건설을 시작해 1994년과 1995년 각각 완성한 영광 원자력발전소 3·4호기의 설계 도면에는 당초 원자로의 압력을 낮추는데 없어서는 안 될 '안전감압장치'를 설계하지 않았다.

이에 장순흥 KAIST 원자력 및 양자공학과 교수를 중심으로 제자 5~6명이 나서 당시 만해도 거대한 조직인 한국전력과 주사업자인 미국 컨버스천 엔지니어링(CE)에 맞섰다는 것. 이들은 감압밸브가 없는 원전을 건설할 경우, 엄청난 위험이 초래될 수 있다는 주장을 각계에 호소하며, 그 뜻을 굽히지 않고 끝까지 싸웠다는 것.

한국전력 입장에서는 설계를 다시 할 경우 각종 배선이나 설비의 위치를 다 바꿔야하는데다 추가로 드는 예산도 만만치 않아 처음에는 듣는 척도 안할 정도로 무시했다고 한다. 결국은 한국전력이 두 손 들고 설계부터 다시하면서, 이때부터 영광 3·4호기의

감압밸브를 '장순흥 밸브'라고 부르기 시작했다.

장순흥 교수는 "안전감압장치는 당시 미국 원자로에도 없었던 것으로 원자로에 물을 넣고 뽑는데 필수적인 장치"라며 "중대 사고를 완화하는데 절대적인 장치"라고 강조했다.

이 영광 3·4호기는 국내 최초로 만들어진 한국표준형 원전인 울진 3·4호기의 이론과 경험적인 토대를 제공한 기본 모델로 현재도 정상적으로 전기를 생산하고 있다.

장 교수의 제자인 백원필 한국원자력연구원 원자력안전본부장은 "산업체의 경우는 생산비와 직결되는 문제에 민감할 수밖에 없는 것 아니냐"며 "당시 밸브를 설치하지 않았다면 일본과 같은 사태에 대응하기 어려웠을 것으로 예상한다"고 말했다.

한편 장순흥 교수와 백원필 본부장은 지금은 절판됐지만 지난 1997년 원자력발전소의 안전을 주제로 한 '원자력 안전'이라는 책을 펴내 관심을 끌었다.

전자신문 2011.03.21.
hbpark@etnews.co.kr
대전 박희범 기자

07 APR1400 개발과 표준설계인가 제도

장순흥 이런 결과로 우리나라가 크게 부족했던 원자로계통설
계와 핵연료 기술을 금방 따라붙었고, 어떤 면에서는 더 잘한
것도 많았습니다. 여기서 연결되는 것이 바로 차세대 원자로인
APR1400 개발 아닌가요? 그런데 APR1400 개발을 이야기하기
전에 카이스트 원자력공학과의 신형원자로연구센터(CARR)를
먼저 이야기해야 할 것 같아요.

백원필 네, 그런데 신형원자로연구센터가 지금도 있습니까?

장순흥 지금은 형식적으로만 있고, 김용희 박사가 새로운 센
터[18]를 따왔죠.

백원필 예, 알고 있습니다.

---

18. 자율운전 소형원자로 연구센터(CASMRR, Center for Autonomous
    Small Modular Reactor Research)

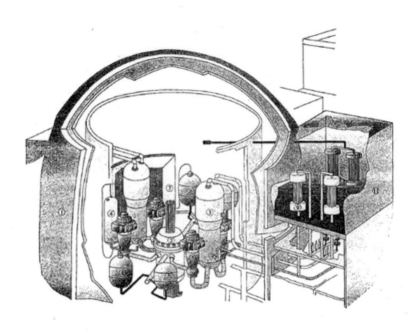

| CP-1300 개념 설계도

장순흥 신형원자로연구센터에 있으면서 그때 저하고 노희천 교수, 백원필 박사 셋이 주도를 많이 했다고 봐요. 그때 CP1300이라는 새로운 대용량 피동원자로 개념을[19] 설계했는데, 그 CP1300 설계는 갖는 의미도 크고 훌륭한 설계입니다. 나중에 보면 우리 APR1400이라든지 그 다음에 또 후속 뭐죠?

백원필 APR+입니다.

---

19. 후쿠시마 사고와 같이 지진 등 외부 요인으로 전력 공급이 중단 되어도 중력이나 자연순환과 같은 자연적인 힘으로 안전이 유지되는 원자로.

장순흥　APR+의 핵심 설계개념들이 CP1300에서 도입한 설계개념들과 많이 연결됩니다. 그리고 저는 그때 신형원자로연구센터에 우리 대학뿐만 아니라 서울대, 한양대, 경희대, 조선대, 제주대 등 원자력공학과가 설립된 모든 대학의 교수님들이 참여하여 대학의 구심점이 되었고, 우리나라 원전설계 기술자립에는 굉장히 크게 기여했다고 생각합니다.

백원필　그렇습니다. 전국의 원자력공학과 교수님들 간의 본격적인 연구협력체계가 처음 구성된 것만으로도 의미가 컸습니다.

장순흥　그래서 아까 말한 대로 APR1400을 개발할 때는 우리가 완전히 개념설계를 한 거예요. 물론 System 80+[20]를 참조는 했지만 그 System 80+보다도 훨씬 더 앞선 설계지요. 예를 들어서 중대사고 측면에서도 그렇고 또 디지털 컨트롤 룸이라든지 격납건물 등 중요한 게 다 바뀌었어요. 우리 신형원자로연구센터가 APR1400 설계, 특히 개념설계에 중요한 역할을 많이 했습니다. 그때 물론 사업총괄은 한전에서 했지만 우리도 APR1400의 개념설계에 많이 관여했고. 또 실증실험도 일부 수행했고 아주 좋았어요.

백원필　가장 중요한 비상노심냉각계통도 System 80+와는 크게 다

---

20. CE에서 개발한 1,300MW급 가압경수로, System 80의 개량형

릅니다. APR1400과 System 80$^+$간의 차이가 EPR[21]과 APWR[22]간의 차이보다 훨씬 더 큰데도, 한동안 국제사회에서는 APR14000을 System 80$^+$의 아류 정도로 취급했었습니다. 우리가 이미지 메이킹에 실패했었고, 선진국 사람들이 원자로냉각재계통 모양만 보았거나 후발주자인 한국을 무시했기 때문이라고 생각합니다. 그래도 UAE에서 대역전극을 펼쳤으니 뿌듯합니다.

장순흥 이 자리에서 우리 백원필 박사 이야기를 한 번 하고 싶어요. 그때 백원필 박사가 신형원자로연구센터와 학과 연구교수로 있다가 원자력연구원으로 스카우트되어 갔잖아요? 나한테는 좀 아쉬웠지만, 신형원자로연구센터에서 APR1400 개념설계를 했고 원자력연구원에서는 가자마자 APR1400 실증 실험장치를 만들었지요.

백원필 네, 그렇습니다.

장순흥 내가 보기에는 그것이 나중에 UAE 원전 수출에도 큰 도움이 됐다고 보는데 어떻게 생각해요?

백원필 네, 제 입으로 말씀드리기는 좀 쑥스럽지만 그렇다고 생각합니다. 어쨌든 제가 운이 좋았습니다. 원자력연구원의 열수력 안전 연

---

21. European Pressurized Reactor. 프랑스와 독일에서 개발한 3세대 가압 경수로.
22. Advanced Pressurized Water Reactor. 일본에서 개발한 3세대 가압 경수로.

구분야가 워낙 기본 역량을 갖춘 연구그룹이어서 '방향을 어떻게 잡느냐.'가 중요했던 거 같습니다. 내부에서도 큰 트러블 없이 한 마음으로 일할 수 있었고, 교수님을 비롯한 외부의 성원도 큰 힘이 되어서 열수력 분야에서는 세계 최고 수준의 연구그룹이 되었습니다. 특히 아틀라스가 제 역할을 할 수 있어서 정말 다행으로 생각합니다.

작년 봄에 UAE 아부다비에서 OECD 아틀라스 프로젝트 회의가 있었는데, 그쪽 규제기관장의 안내로 헬기로 UAE의 바라카(Barakah) 원전에 가서 내부를 둘러보면서 감개무량했습니다.

장순흥   그래요. 나중에 나오겠지만 원전 수출을 지원하기 위해 UAE에 갔을 때도 실무자들한테 아틀라스 얘기를 많이 했습니다. 아틀라스를 비롯한 실증 실험장치들이 있어서 그래도 큰 도움이 됐다는 생각을 하고 있어요. 이번에는 설계인증의 중요성에 대해 한 번 얘기하고 싶어요.

APR1400은 System 80⁺보다 훨씬 더 계량된 설계였지만, 만일 설계만 마치고 규제기관의 인증을 받지 않았다면 지금 어떤 모습일까 궁금해요. 1992년부터 10여 년간 APR1400을 개발하는 과정에서 참 의의가 있었던 것이 설계인증(표준설계인가) 제도였어요. 1997년부터 5년 주기로 수립되고 있는 원자력진흥종합계획의 1, 2, 3차 계획을 수립할 때 제가 책임자 역할을 했는데, 1차 계획에서 역점을 둔 것이 원자력안전위원회 설치와 표준설계인가 제도 도입이었습니다.

| APR1400을 참조한 열수력 실증 실험장치 아틀라스

백원필 네, 저도 기억이 납니다.

장순흥 오늘날의 APR1400이 있기까지는 표준설계인가 제도
가 굉장히 중요했다고 봅니다. 처음 1990년대 초반에 차세대원
자로인 APR1400을 개발할 때는 한전의 최영상 선생이 이끈 차
세대원자로 팀이 중심이 되어 설계를 하고 있었지만 인증에 대
한 계획이 확실하지 않았습니다. 그런데 아무런 인증이 없는
설계자료는 그냥 페이퍼입니다. 그냥 종이 보고서죠, 보고서.
그러나 2011년에 마침내 표준설계인가 제도가 생겼고, 약 1간

AE에서 개최된 OECD 아틀라스 프로젝트 회의(2018. 4)

의 집중적인 심사를 거쳐 2002년에 표준설계인가가 발급됩니다. 우리 APR1400이 표준설계인가를 받은 겁니다. 이 과정에서 원자력안전기술원의 김현군 박사가 큰 수고를 해줬습니다. 표준설계인가를 발판으로 예비안전성분석보고서(PSAR), 최종안전성분석보고서(FSAR) 환경영향평가서 등을 제출하여 허가를 받음으로써 최초의 APR1400 원전인 신고리 3,4호기가 건설되고 또 UAE 수출로도 이어진 것 아니겠습니까?

그러니까 저는 그 표준설계인가가 굉장히 중요했다고 봅니다.

그래서 저는 "표준설계인가가 되게 만든 것은 아주 잘했다."고 늘 뿌듯하게 생각합니다. 세계적으로 수많은 개념설계가 있지만, 설계가 진정으로 가치 있으려면 인증이 돼야 합니다. 그래서 저는 우리 APR1400이 2002년에 표준설계인가 된 것이 아주 가치 있다고 생각하지요.

백원필 네, APR1400의 개발이 완료된 후에도 신고리 3,4호기로 건설이 확정될 때까지 많은 반대에 부딪쳤었습니다. 표준설계인가조차 갖고 있지 않았다면, 실제 건설 원전으로 채택되기 어려웠을 것입니다. 그리고 나중에 SMART[23]도 결국은 표준설계인가가 됐기 때문에 사우디에 진출하는 기반이 됐습니다.

장순흥 네, 맞아요. 아시다시피 저도 APR1400의 경험이 있었기 때문에 SMART의 표준설계인가도 중요하다고 생각했어요. 2009년이군요. 그 때 SMART가 어느 정도 설계는 돼 있었는데 두 가지 문제 있었어요. 연구비가 계속 부족했고 하나는 인증이 안 된 거예요. 그래서 그때 저도

김현군 박사

---

23. System-integrated Modular Advanced ReacTor. 한국원자력연구원이 개발한 열출력 330MW의 소형 일체형 원자로.

정부에 "SMART가 인증 받아야 한다.", "그것을 위해서는 연구비를 줘야 한다."고 강하게 얘기했어요. 결국 집중적인 투자를 받아 설계를 완성한 후 인증을 받았고, 사우디 수출 진출에도 큰 도움이 됐을 거라고 생각합니다.

APR 1400

APR1400은 우리나라의 주력 원전 모델인 OPR1000을 개량하여 개발한 차세대형 원전입니다. 1992년 12월부터 2001년 12월까지 국가선도 기술개발과제(G-7)를 통해 개발되었습니다. 한국전력기술은 종합설계와 원자로계통설계의 기술개발을 담당하였습니다.

APR1400은 발전용량을 1000MW에서 1400MW로 키우고 계속운전 갱신기한을 40년에서 60년으로 늘린 최첨단 원전입니다. 원전 선진국들이 개발한 3세대 원전의 기술 수준을 뛰어넘는 강

점을 두루 갖추었다는 평가를 받고 있습니다. 특히 안전성 측면에서 세계 최고 수준을 자랑합니다. 안전성 강화를 위해 APR1400은 표준설계를 포괄 부지 개념에 따라 암반 및 토양 조건에서 0.3g 내진요건을 모두 만족하도록 지진에 대한 대처 설계를 반영했습니다. 또한 보조건물의 4분면 배치 설계방식을 도입함으로써 화재, 홍수, 지진 등 외부 충격에 대한 대처 능력을 한 차원 강화하였습니다.

APR1400은 2006년 8월 신고리 3,4호기 원전건설에 첫 적용되었으며, 이후 신한울 1,2호기, 신고리 5,6호기, 신한울 3,4호기 등에 총 8기가 설계되고 있습니다. 특히 2009년 한국 원전의 최초 해외 수출 모델로서 UAE 바라카(Barakah) 1~4호기에도 적용되어 건설 중에 있습니다.

한편 APR1400은 UAE 수출 성공을 계기로 국제적 위상과 경쟁력을 한층 강화하기 위하여 한국전력기술과 한국전력, 한국수력원자력은 공동 협약을 체결하고 유럽사업자요건(EUR)과 미국 원자력규제위원회(U.S.NRC)의 설계인증을 받았습니다.

APR+

APR+ 원전은 해외기술에 의존하고 있는 일부 핵심기술의 완전한 자립을 통해 독자적 해외수출의 제한 요건을 극복하기 위하여 수립된 '원전기술 발전방안(Nu-Tech 2012)'에 따라 개발되었습니다. APR+는 순수 국내기술로 개발됨으로써 수출에 걸림돌이 없는 명실상부한 100% 토종 원전이기도 합니다.

APR1400에서는 해외기술에 의존해야 했던 원자로냉각재펌프(RCP)와 원전계측제어설비(MMIS), 원전설계용핵심코드 등 마지막 미자립 핵심기술을 확보했습니다. APR+는 원자로가 갑자기 정지한 상태에서 원자로냉각에 필요한 전기가 끊겨도 최대 3일간 냉각수가 공급되도록 설계되었습니다.

또한 원자로 노심이 녹아내리는 중대사고가 일어나는 빈도가 기존 원전은 10만 년당 1회 미만이지만, APR+는 100만 년당 1회 미만으로 설계되었습니다. 또한 원전 제어시스템의 안전기능을 의도적 사이버 공격으로부터 보호하기 위해 국내 규제지침을 기준으로 APR+의 사이버 보안에 대한 설계 기본요건을 설정했습니다.

그리고 발전소의 두뇌에 해당하는 주제어실과 원격제어실 등 주요 설비는 항공기 충돌 등 대규모 외부 충격으로부터도 완벽하게 보호될 수 있도록 설계되었습니다. APR+에는 APR1400에 비하여 핵연료봉이 16개가 추가되며 원자로 지름은 30㎝ 커졌습니다. 이처럼 APR+는 발전규모가 커졌지만, 효율성은 한층 높아졌습니다.

출처: 한국전력기술

08 원자력진흥종합계획과 원자력연구 개발기금

백원필 앞에서 조금 말씀하셨지만 원자력진흥종합계획[24]과 원자력연구개발기금 등과 관련한 말씀을 좀 더 해주시지요.

장순흥 네, 저는 1차, 2차, 3차 원자력진흥종합계획을 수립할 때 책임을 맡았는데, 몇 가지 기억나는 걸 이야기힐게요. 우선 원자력종합계획의 의의를 생각할 필요가 있어요. 왜냐하면 그때 원자력진흥종합계획은 처음으로 법에 의해 세우는 종합계획이었어요. 법에 의해 수립되는 계획이라 과거 계획들에 비해 굉장히 권위가 있는 거죠. 그전에는 진흥종합계획이 없을 때는 무슨 국가계획을 세우더라도 강대국이 좀 압력을 가하면 중지하고 그러는 거예요.

---

24. 대한민국에서 원자력 정책을 체계적으로 추진하기 위한 5개년 계획

제2차 원자력진흥종합계획 공청회

그래서 무언가 우리에게 권위있고 지속적인 계획이 필요하다고 판단하여 원자력법을 개정해서 원자력진흥종합계획을 도입한 것이지요. 원자력진흥종합계획이 있었기 때문에 참 잘된 일 중의 하나가 원자력연구개발기금 제도가 생긴 것입니다. 진흥종합계획에서 원자력발전량 kWh당 1.2원을 제시했고, 이것이 원자력법에 그대로 반영되었습니다. 아까 말한 대로 원자력안전위원회 설치와 표준설계인증 제도 도입도 중요하지요.

그리고 '핵비확산성' 핵연료주기 기술개발을 추진하겠다고 천

명하고 미국 등의 이해를 얻음으로써 듀픽(DUPIC)[25]이라든지 파이로프로세싱(Pyroprocessing)[26] 기술 같은 후행핵연료주기 관련 연구를 수행할 수 있는 기반이 마련됐어요. 그런데 사실 핵비확산성 핵연료주기 정책을 추진하면서 정말 진통을 겪었습니다. 정말 그 고민을 많이 했는데, 우리나라 안에서도 두 가지 입장이 있어요. "어떤 기술이든 후행 핵연료주기에 대해서는 그냥 아무 것도 하지 말아야 된다."는 그룹이 있고, 또 한 쪽은 "꼭 해야 된다. 재처리까지 꼭 해야 된다."고 주장하는데, 이게 아주 팽팽했습니다. 미국을 포함하여 국제적으로 우리나라의 후행 핵연료주기 연구를 달가워하지 않는 상황에서 돌파구로 찾아낸 것이 핵비확산성 핵연료주기 개념입니다. 즉, "사용후핵연료의 재활용에 관련한 기술 개발은 하되 핵비확산성을 유지한다." 그런 거죠.

결국 2015년 11월에 한미원자력협정 개정으로 미국의 동의를 얻으면서 핵비확산성 기술인 듀픽 기술과 파이로프로세싱 기술

---

25. Direct Use of PWR spent fuel In CANDU. 가압경수로(PWR)에서 배출된 사용후핵연료를 핵무기의 원료가 될 수 있는 원소를 추출하는 화학적인 재처리 없이 물리적인 재처리만으로 CANDU 가압중수로의 핵연료로 재활용하는 재처리 방식.
26. 사용후핵연료를 재활용하여 폐기물의 양을 줄이는 재처리 방식의 하나. 기존의 습식 방식과는 다르게 핵무기의 원료가 되는 플루토늄만을 추출해내기가 어려워 핵확상저항성이 뛰어나 주목받고 있다.

김한곤 박사(예비계획)

장현섭 박사(1차 계획)

백원필 박사(2차 계획)

강기식 박사(3차 계획)

정동욱 박사(4차 계획)

임채영 박사(5차 계획)

연구 등을 할 수 있게 돼서, 그것도 굉장히 의의가 컸던 것 같습니다.

그래서 마지막으로 제가 1차, 2차, 3차 원자력진흥종합계획 수립 책임자를 맡으면서 곁에서 많이 수고해준 사람을 이야기하고 싶어요. 우선 예비계획 때에는 한수원의 김한곤 박사가 수고를 해 주었어요. 그리고 1,2,3차 계획에서는 각각 장현섭, 백원필, 강기식 박사가 많이 힘썼지요. 지금 원자력진흥종합계획 이야기를 하면서 이 네 사람에게 정말 수고했다고 감사의 메시지를 전달하고 싶어요. 그리고 4차와 최근의 5차 원자력 진흥종합계획의 실무를 책임지고 맡은 정동욱, 임채영 박사의 수고와 노력도 치하하고 싶습니다.

09 특이한 2009년, APR 1400의 해외진출

백원필 네, 정말 어려웠던 일들을 하나하나 해 내셨습니다. 이미 조금씩은 말씀하셨는데요. APR1400의 UAE 수출과 SMART의 사우디 진출과 관련해서도 잘 알려지지 않은 중요한 역할을 많이 하지 않으셨습니까?

장순흥 네, 2009년도가 저에게는 참 의의가 컸던 해예요. 사실은 2009년도의 여러 가지 일에 대해 제가 하고 싶은 이야기가 많아요. 그때 제가 카이스트 교학부총장이었는데, 2009년도는 참 아이러니한 해였어요. 바로 2008년도에 제2금융위기가 터졌고, 그 여파로 R&D가 상당히 위축되는 분위기였어요. 그런데 우리 서남표 총장님이 나보고 "이럴 때일수록, 금융위기일수록

| 카이스트 교학부총장 시절(2006.08~2010.07)

오히려 과학기술 R&D를 더 활성화해야 한다."면서 저보고 청와대와 접촉하여 자기 뜻을 관철해 달라고 하셨어요.

그래서 "이럴 때일수록 뭐를 더 해야되나?"를 고민하면서 청와대나 정부를 많이 찾아다녔습니다. 그래서 카이스트에서 온라인 전기차, 모바일 하버 같은 연구를 하게 됐고, 그때 또 그분들이 "원자력에서는 뭐를 하면 좋겠느냐?" 얘기하여 추진했던게 'SMART 표준설계인가' 추진과 핵비확산성 핵연료주기의 모형이 될 수 있는 PRIDE시설[27] 구축이었어요. 그런 연구들이 2009년도에 모두 진행이 되는데, 그때 특히 제가 많이 만났던

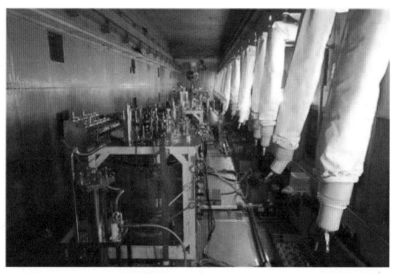

| 공학규모의 파이로 일관공정 시험시설 PRIDE

당시 윤진식 청와대 정책실장님이 관심을 많이 가지셨어요. 그
런데 2009년도에 여러분도 알다시피 UAE 원전사업에 대한 입
찰평가(Bid evaluation)가 바로 시작된 거예요. 그런데 2009년에
시작한 일이 정말 전광석화같이 진행되어 그해 안에 끝나 버리
지요.

---

27. 핵확산저항성이 뛰어난 파이로프로세싱(Pyroprocessing)의 모든 공정
    을 세계 최초로 종합적으로 모의할 수 있는 시험시설. 원자력연구원에
    위치.

백원필   네, 1년 안에요.

장순흥   처음에 UAE 원전사업에 대해 제가 알아보니까 이것은 꼭 올해 안에 다 끝난다고 그러더라고요. 그래서 제가 R&D 프로젝트 때문에 윤진식 실장님을 포함해 만날 때 "이것은 우리가 될 가능성이 굉장히 높다. 정부에서 강력히 도와주면 될 가능성이 높다."고 강조했어요. 사실 여러분도 알다시피 UAE 원전 수출할 때 이명박 대통령께서도 많은 역할을 하셨지만, 실질적으로 제일 많이 도와주신 분이 윤진식 정책실장님입니다. 윤 실장님이 대표단 구성도 지휘해 주시고 실질적으로 뒤에서 아주 많이 지원해주셨어요.

그 외에도 한전의 변준연 부사장 등 많은 분들이 수고해 주셨지만, 특히 산자부의 원자력 산업과장이었던 나기용 박사와 채규남 UAE 상무관이 아주 수고를 많이 해주었어요

│ 나기용 박사

그때 저도 교육담당으로 참여했는데, 기본적인 임무는 UAE의 원자력 고급인력 양성을 협의하는 거였어요. 그렇지만 제가 가장 큰 역할을 한 것은 APR1400의 안전성에 대한 설득이었습니다. 그 일을 왜 제가 할 수밖에 없었냐하면 우선 대표단 중에 원자력 안전을 아는 사람이 별로 없었고, 특히 2002년도 표준설계인가 때 안전 전문위원장이었거든요.

그래서 내가 APR1400을 누구보다도 잘 알았기 때문에 원자력 안전에 관련해서 UAE의 지도층들한테 안전을 설득하는데 큰 도움이 됐던 거 같아요.

제가 교육 담당이었기 때문에 오히려 더 편하게 얘기할 수 있었고, 그때 제가 얘기했던 것은 지금도 기억이 납니다. 그 사람들이 "APR1400이 한국 표준설계인가만 받은 거 아니냐?" 그래서 내가 "미국 설계인증(Design Certification)도 얼마든지 받을 능력이 있다. 왜 능력이 있느냐하면 우리 APR1400이 System 80^+보다도 개선된 게 훨씬 더 많다. 그런데 System 80^+는 이미 미국의 설계인증을 받았다. 그래서 시간이 문제이지 우리 APR1400이 설계인증 받는 건 얼마든지 가능한 이야기다." 나중에는 그쪽에서 "미국 설계인증을 받아봤으면 좋겠다."고 그래서 미국 설

| 이종호 박사

계인증을 추진했는데 얼마 전에 우리 APR1400이 미국 원자력

---

28. 2019년 8월 취득
29. 2017년 10월 취득

규제위원회(U.S.NRC)[28] 설계인증을 받지 않았습니까? 그 전에는 유럽사업자요건(EUR)[29] 인증도 받았죠. 그 과정에서 이종호 한수원 울진 본부장의 노력이 매우 컸습니다. 이번 APR1400의 U.S.NRC 인증뿐만 아니라 EUR인증에도 주도적인 역할을 했습니다. 나는 당연하다고 봤어요. 왜냐하면 APR1400이 System 80$^+$에 비해 중대사고 측면, 디지털 컨트롤 측면 등 여러 가지가 개량이 됐다. System 80$^+$가 받았는데 우리가 못 받으면 그것은 이상한 것이다."라고 했는데요. 그 다음에 우리가 그때 참 좋았던 거는 우리에게 아틀라스라는 실증 실험장치가 있다는 점이었어요. 그때가 거의 2010년이 가까워졌을 때인데… 그 아틀라스가 몇 년부터 가동하죠?

백원필 2007년입니다.

장순흥 맞아요. 2007년. 그래서 정말 잘 쓰인 거 같아요. 안전에 대한 논의를 제일 많이 한 게 2009년 중반부터이고 그래서 우리가 2009년 12월에 수주하지 않았습니까? 그래서 그때 제가 얘기한 것은 미국의 설계인증을 받을 수도 있고, 신고리 3,4호기가 그전에 다 가동할 거고, 또 우리는 아틀라스라는 APR1400 실증 실험장치를 벌써 가동하고 있다고 계속 강조했어요. 그런 것들이 그 사람들에게 안전을 설득하는데 큰 도움이 됐던 거 같아요. 제가 대표단으로 갔을 때 그분들이 걱정을 많이 했었어요. 왜냐하면 우리가 다른 회사보다 가격은 싸지만 안전성은 떨어진다고…

백원필　프랑스에서 그랬죠.

장순흥　경쟁사에서 "한국원전은 가격만 싸지 안전하지 않다." 고 계속 공격을 해왔는데, 그래도 지금 되돌아보면 앞에서 말한 대로 "설계인증 받은 System 80⁺보다 더 개선됐다", "한국에서 신고리 3,4호기가 곧 돌아간다", 그 다음에 "아틀라스는 이미 가동되고 있다"는 세 가지가 아주 심플하면서도 설득력 있지 않았나 생각합니다.

백원필　저도 아틀라스 관련해서는 참 운이 좋았다고 생각하는데요. 제가 가기 전에 원래 지으려고 했던 실증 실험장치의 참조원전이 표준원전(OPR1000)이었습니다.

장순흥　네, 그렇죠.

백원필　그런데 그걸로 지었다면 돈은 돈 대로 쓰면서도 제대로 써먹을 수 없는 시설이 될 뻔 했습니다. 제가 가서 내부 동료들과 의견을 모은 후 "APR1400형으로 하자"고 했을 때도 한수원 일부에서 엄청나게 반대를 했거든요.

장순흥　그렇죠.

백원필　신고리 3,4호기가 이미 건설 중인데, 규제기관이 아틀라스 실험 결과를 보고 운영허가를 내준다고 할 것을 우려하는 이도 있었고, 실험에서 몰랐던 문제가 밝혀질 것을 걱정하는 이도 있었습니다. 어쨌든 한수원에서도 찬성하는 분들이 계셨기 때문에 일부 반대는 무시하고 그냥 밀어붙였습니다.

장순흥 그건 너무 잘한거지요.

백원필 네, 그래서 어떻게 보면 저희 원자력연구원 열수력 분야가 어려움을 좀 겪었지만 그 과정을 통해서 이 방향으로 바꿀 수 있어서 전화위복이 되었고 결과적으로는 수출에도 도움이 됐다고 생각합니다.

장순흥 네, 나중에 수출에 큰 도움이 됐어요.

❙ 바라카(Barakah) 원전 부지에서 UAE 왕세자와 함께(2011.03)

| 바라카(Barakah) 원전 착공 기념식(2011.03)

| KAIST-칼리파대학 공동연구 양해각서(MOU) 체결(2011.03)

개정 한미원자력협정 발효…42년 만에 '새 체제' 시작

42년 만에 개정된 새로운 한미 원자력협정이 오늘 발효됐습니다.

윤병세 외교부 장관과 마크 리퍼트 주한 미국 대사는 오늘 오후 6시 외교부 청사에서 새 원자력협정 발효에 필요한 외교 각서를 교환했습니다. 이에 따라 지난 1974년부터 우리나라의 원자력 이용 범위 등을 제한해온 기존 원자력협정을 대체할 새 협정이 각서 교환 즉시 효력을 발휘하게 됐습니다.

새 협정이 발효됨에 따라 우리나라는 미국의 사전 동의를 받지 않고도 사용후 핵연료를 국내 시설에서 부분적으로 재처리해 일부 연구 활동을 자유롭게 수행할 수 있게 됐습니다. 또, 미국산 우라늄의 20% 미만 저농축과, 사용 후 핵연료에 대한 건식 재처리인 '파이로프로세싱'의 추진 경로를 마련하게 됐습니다.

한미 양국은 또 양국 간 원자력 협력 전반을 논의할 차관급 상설협의체인 '고위급위원회'를 내년 상반기 중 출범시킬 방침입니다. 새 원자력협정은 지난 4월 한미 간에 협상이 타결됐고, 이어 한미 양국 장관이 지난 6월 정식 서명한 뒤 지난달 29일 미 의회에서 최종 검토 절차가 완료됐습니다.

KBS NEWS 2015.11.25
sjy@kbs.co.kr
서지영 기자

한국형 중소형 원전 SMART

2000년대 들어 대형 용량의 발전용 원전시장이 침체되면서 원전 선진국을 중심으로 다목적 활용이 가능한 중소형 용량의 원자로 개발을 추진하게 됩니다. 우리나라는 국가연구개발 실용화사업의 일환으로 일체형 원자로인 SMART(System-integrated Modular Advanced ReacTor) 사업을 추진했습니다.

SMART 원전은 원자로, 증기발생기, 가압기, 냉각재펌프가 하나의 용기에 집약된 일체형 원자로입니다. SMART 원전은 상용원전 14분의 1 용량(100MW)으로써, 인구 10만 명 규모 도시에 전력·해수담수화를 통한 물과 난방열을 공급할 수 있습니다. 특히 대규모 통합전력망이 갖춰져 있지 않은 개발도상국에서 스마트 원전의 수요가 전망되고 있습니다.

한국전력기술은 SMART 원전의 표준설계 개발 및 표준설계인가 획득을 위한 종합설계 및 원자로계통설계를 수행하였으며, 원자력안전위원회로부터 2012년 7월 SMART 원전에 대한 표준설계인가

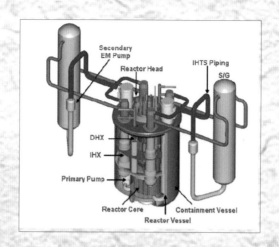

를 취득하였습니다.

한편, 한국전력기술은 우리나라와 사우디아라비아 간에 체결된 '한-사우디 스마트원전 건설 전 상세설계(PPE) 협약'에 따라 2016년 6월부터 '스마트 원전 건설 전 설계사업의 종합설계'를 수행하고 있습니다. 건설 전 설계사업을 통해 SMART원전의 인허가성, 경제성 등에 대한 검증을 완료한 후, 사우디아라비아에 2기를 건설할 예정이며, 제3국으로의 수출도 진행합니다.

출처: 한국전력기술

韓 APR1400 원전, 미국서 설계인증 취득…
미국 외 원자로는 최초

한국수력원자력의 신형 경수로인 APR1400이 미국 원자력규제위원회(NRC)의 설계인증(DC·Design Certification)을 최종 취득했다.

한수원은 APR1400이 지난해 9월 표준설계인증서(SDA)를 받았고 약 11개월의 법제화 과정을 거쳐 미국 연방 규정 부록에 등재됐다고 27일 밝혔다. 미국에서 미국 외 노형이 설계인증을 받은 것은 APR1400이 처음이다. 설계인증은 미국 정부가APR1400의 미국 내 건설·운영을 허가하는 일종의 안전 확인 증명서다.

APR1400 원전이 설계인증을 취득했다는 것은 이 원전을 미국 내 건설하고 운영할 수 있게 됐음을 의미한다. 앞으로 미국에서 원전을 건설할 때는 표준설계를 제외한 건설 부지의 특성을 반영하는 분야의 안전성에 대해서만 심사를 받으면 된다. 이에 따라 건설·운영 인허가 기간과 비용이 줄어들어 미국 시장 진출에서 우위를 점할 것으로 기대된다.

APR1400 원전의 미 원자력규제위원회 설계인증 취득사업은 한수원과 한국전력의 공동 신청으로 시작됐다. 한수원이 총괄주관기관으로 사업을 주관하고 한전기술, 한전원자력연료, 두산중공업이 참여했다.

APR1400은 아랍에미리트(UAE)에 수출한 원전 노형이며 국내에서는 신고리 3·4·5·6호기, 신한울 1·2호기가 이 노형으로 운영 또는 건설 중이다. 한수원 관계자는 "APR1400은 2017년 10월 유럽사업자요건(EUR)을 받은 데 이어 세계 양대 인증을 모두 취득하며 안전성을 입증받았다"고 말했다.

연합뉴스 2019.08.27.
eun@yna.co.kr
고은지 기자

신고리 5·6호기 기술, 유럽 인증 통과

한국형 원자력 발전소의 유럽 수출 길이 열렸다. 한국형 원자로 'APR1400'을 유럽 안전기준에 맞춰 설계한 'EU-APR'이 유럽사업자요건(EUR) 인증 심사를 통과했기 때문이다. APR1400은 미국 원자력규제위원회(NRC) 설계 인증 심사도 사실상 통과했다. APR1400은 공론화로 건설 여부를 결정하기로 한 신고리 원전 5·6호기에 들어가는 원자로다. 한국이 10년간 2350억 원을 들여 독자 개발했다. 하지만 정부의 탈(脫)원전 정책으로 국내 원전 건설이 중단되면 이 기술이 사장될 것이란 우려가 나온다.

◆해외에서 인정받은 기술력

한국수력원자력은 "APR1400의 유럽 수출 모델인 EU-APR이 EUR 인증 본심사를 통과했다"고 9일 발표했다. EUR 본심사 가운데 최단 기간인 24개월 만에 최종 인증을 받았다. EUR 인증은 유럽사업자협회가 유럽에 건설될 신형 원전의 안전성, 경제성 등 요건을 심사하는 것이다.

협회는 유럽 12개국 14개 원전 사업자로 구성돼 있다. 회원국들은
EUR 인증을 유럽권 건설사업의 표준 입찰요건으로 사용하고 있
다. 유럽뿐 아니라 남아프리카공화국, 이집트 등도 원전사업자에
EUR 인증을 요구한다.

한국경제   2017.10.09.
beje@hankyung.com
이태훈 기자

때:1994.1.25(화) 오후2:00~5:00   주최:사단법인 한국원자력학

원자력 장기발전을 위한 공개토론장
21세기 한국의 원자력 정책방향
주최:사단법인 한국원자력학회   일시:1994.1.13(목)

원자력정책 공개토론회(1994.01)

제2차 원자력 진흥종합계획 공청회(2001.06)

제9회 원자력 안전의 날 홍조근정훈장(2003.09)

과학의 날 과학기술훈장 창조장(2014.04)

신형원자로 연구센터와 도쿄공업대학(TIT) 공동 세미나

원자력박람회 참가 카이스트 원자력공학과 및 신형원자로연구센터 부스

원자력발전소 주제어실 견학

| UAE 바라카 원전 착공식(2011.03)

UAE 바라카 원전 건설부지 방문(2013.12)

| 사우디 리야드의 KACARE 교육센터 방문, 좌측부터 임만성, 김병구, 장순흥, 강현국, 조규성 교수(2014.01)

| 사우디 리야드에서 조규성, 장순흥, 임만성, 강현국 교수(2014.09).

10 원자력의 실질적인 기초연구 – 임계열유속

백원필 제가 준비해온 질문 중에 서너 개가 더 남아 있는데, 우선 교수님께서는 20대 후반에 카이스트 교수님으로 부임하셨고, 그때부터 다른 분들이 보기에는 워낙 앞에 나서시고 또 정치적으로 중요한 역할을 많이 하셨기 때문에, 학문적 업적은 덜 일려진 아쉬움이 있습니다. 그런데 사실 학문적으로도 이루신 게 많다고 생각하는데 그 부분에 대해 좀 말씀해주시면 좋겠습니다.

장순흥 한국에 돌아온 후 계속 "무슨 연구를 해야 될까?"를 많이 생각했는데요. 여러 연구분야가 있었지만, 가장 중점을 둔 것은 '임계열유속'이었어요. 임계열유속이라는 한 분야로 수십 명의 박사를 배출했지요. 임계열유속은 백원필 박사도 박사논문을 썼지만, 아주 중요하면서도 어려운 주제예요. 그리고 굉장히 실제적으로도 필요하면서도 기초적으로도 중요한 거 같아요.

이 연구를 꾸준히 해왔기 때문에 한국원자력학회(KNS)와 미국
원자력학회(ANS)에서 각각 열수력 부문 학술상[30]을 받게 되었
지요. 미국원자력학회의 학술상 받기가 굉장히 어렵습니다. 사
실 아시아 사람으로는 내가 처음 받은 거였는데, 그게 다 임계
열유속 덕분이라고 봐요. 백 박사도 여기에서 임계열유속을 했
지만 졸업하였거나 지금 재학 중인 학생들도 임계열유속을 많
이 연구하는데, 임계열유속을 핵심 주제로 잡은 건 참 잘했다
고 생각합니다.

또 한 가지 느끼는 건 임계열유속이란 매우 중요하면서도 참
어려운 주제라는 거예요. 30여 년간 카이스트에서 연구했지만
임계열유속에 대해 대략 어느 정도는 이해를 하지만 아직도 이
해 못 하는 게 많아요. 그러면서 "우리 학문하는 사람들은 더
겸손해야 되겠구나."라고 생각하는데, 이런 점을 얘기하고 싶
어요. 그렇게 수많은 박사가 배출되었고, 제가 그것을 통해서
상도 받고 훈장도 받고 뭐 영예도 얻었지만 정말 아직도 부족
한 게 많아요. 그래서 "아직도 우리가 겸손해야 되겠다." 생각
을 합니다.

---

30. 한국원자력학회(2004, 2011, 2013년), 미국원자력학회(2003년)

백원필 저도 임계열유속을 생각하면 부끄러워집니다. 다만, 우리 연구실이 국내 임계열유속 연구의 기반을 닦았고, 교수님과 여러 졸업생들이 실제적인 임계열유속 문제를 찾아내고 해결하는데 상당히 기여해왔다고 생각합니다. 교수님께서는 일찍이 미국 원자력학회의 Fellow 회원이 되셨고, 또한 NUTHOS, NURETH 등 중요한 학술대회를 주관하시는 등 원자력 분야의 세계적인 리더로 활동해 오셨다는 것을 덧붙여 알리고 싶습니다.

장순흥 네 우리 연구실이 임계열유속 분야에서 주도적인 역할을 했지요 여기 있는 백 박사 포함 김태훈, 문상기, 양준언 박

아시아 최초 ANS 열수력
부문 학술상

사 같이 연구를 잘했던 제자들이 연구소로 많이 갔습니다. 그리고 조선대 이경진, 카이스트 정용훈, 경희대 허균영, UNIST 방인철, 한양대 정인선, 제주대 우승민 교수 같은 훌륭한 제자들이 교수로 진출해 일하고 있지요. 김한곤 박사는 APR1400, APR+ 등 신형원자로 기술 개발의 중추적 역할을 했고, 이광원 박사 등 산업계에서 활약한 제자들도 많습니다.

11 INSAG 위원 활동과 KEDO 경수로 사업

백원필 임계열유속 연구 외에 국제원자력기구(IAEA)[31]의 국제원자력안전그룹(INSAG, International Nuclear Safety Group)[32] 위원으로 활동하신 것도 매우 중요한 공헌이라고 생각합니다. 그런 부분을 한 번 말씀을 해주시면 좋겠습니다.

장순흥 저는 '우리 원자력은 국제화도 해야 되고, 지역화도 해야 된다'고 늘 생각해 왔습니다. 국제화와 지역화가 모두 중요한 것이지요. 원전 인근 지역주민들과도 적극 소통하면서 국내

---

31. International Atomic Energy Agency. 원자력의 평화적인 이용을 위해 설립된 UN 산하 독립기구.
32. 원자력 안전에 대한 고위 전문가 그룹. 원자력 안전에 대한 자문, 가이드라인 제시, 정책 및 안전원칙 수립 등의 업무를 수행한다.

| 국제원자력기구 INSAG 위원 활동 (1992~1999년)

원자력 안전을 챙기는 한편, 미국, 일본, 프랑스 등 선진국 전문가들과 적극적으로 교류해 왔어요. 1990년대에는 INSAG 위원이 되면서 IAEA를 굉장히 자주 가게 되는데, 우리나라 원자력의 국제화 노력과 더불어 제가 잊을 수 없는 일이 하나 있어요.

그 이야기를 하고 싶은데, 1990년대에는 우리나라에서 IAEA를 가는 사람이 많지 않았어요. 때때로 북한대표들하고도 만날 기회도 있었지요. 북한에서는 윤호진 참사관이 비엔나 IAEA에 들락날락할 때예요. 여러분도 알다시피 1992년부터 1994년까지 제1차 핵 위기가 진행되었는데, 그때 제가 했던 일 하나만 말씀 드리려 해요.

아울러 우리나라 원전 안전규제를 가장 또 많이 도와주신 IAEA 안전담당 사무차장이셨던 모리스 로젠(Morris Rosen) 박사님을 소개하고 싶습니다.

로젠 박사님은 참 박식하셨고, 한국을 잘 알고 사랑했던 분이셨지요. 그래서 항상 저를 많이 도와주셨어요. IAEA에 자주 갈 당시에 북핵 위기로 굉장히 긴장 상태였고, 해결책 얘기도 많이 나눴습니다. 그때 저랑 로젠 박사님이 얘기했던 게 바로 한국형 경수로(한국 표준형원전)를 북한에 짓는 한반도에너지개발기구(KEDO) 경수로 사업이었어요.

당시 한국형 경수로를 국내에 짓고 있었고 곧 완성을 기대할 때였고… 그래서 한국형 경수로를 북한에 짓는 이야기를 한 번 하면서 "어떠냐?"그랬어요. 로젠 박사님이 본국으로 돌아가시고, 그분의 쌍둥이 동생인 솔 로젠(Sol Rosen)께서 미국 정부에서 원자력 관련돼서 일을 하셨는데 "아, 그거 괜찮은 아이디어다." 그런 얘기를 하더라고요. 그런 일이 하나 있었고, 그때 윤호진이라는 북한 참사관이 가끔 IAEA에 들락날락 했었습니다. 나중에 알고 보니까 핵무기 개발에도 공헌을 많이 한 사람이더

군요. 그런데 그때 윤호진 대표가 한국형 경수로에 상당히 관심이 많았어요. 왜 그렇게 느꼈냐 하면, 저랑 얘기할때 자기네도 신포에 경수로를 좀 짓고 싶은데, 원래는 러시아 산(産)을 짓고 싶어 했었어요.

백원필   저도 로젠 박사님은 기억이 나는데 알기 쉬운 논리로 세미나 하시던 모습, 약수터 우라늄 문제로 시끄러울 때 기자간담회 하시던 모습 등이 생각납니다. 부부가 방문하셨을 때 부인을 모시고 전주에 다녀온 적도 있었어요. 한지(漢紙) 공장을 방문하여 한지 만드는 것을 보시고 공장에서 몇 장 선물을 받으시고는 무척 좋아하셨어요. 북한 경수로 관련 이야기를 좀 더 해주시지요.

장순흥   체르노빌 사고가 1986년에 발생했으니까 그 사람을 주로 1992년도나 1993년도에 IAEA의 커피 라운지에서 마주쳤는데 원전에 대해 굉장히 관심이 많더라고요. 그래서 "한국형 경수로가 어떠냐?" 뭐 이런 얘기를 하면서 가능성이 있겠다고 생각한 거죠. 한국형 경수로가 한국표준형원전, 지금의 OPR1000이에요. 그때 로젠 박사님이 나에게 "한국형이란 말은 안 쓰는 게 좋겠다."고 했어요.

한국형이라는 말을 쓰게 되면 자존심 강한 북한이 오히려 싫어할 수 있으니까. 그래서 그때 로젠 박사님과 제가 얘기한 것이 2-loop 1,000MW PWR였어요. 알다시피 그 제네바 협약을 보면 한국형이라는 말은 하나도 안 쓰여 있습니다. 단지 '2-loop

1,000MW'라고만 표현되어 있어요.

그런데 1,000MW급이 우리가 걱정했던 러시아 제품은 4-loop이었고, 미국 웨스팅하우스 제품은 3-loop이니, 2-loop은 우리 표준형원자로밖에 없는 거예요. 왜냐하면 증기발생기를 크게 하는 것은 그것밖에 없으니까. 저는 제네바 협약에 1,000MW 원자로인 한국형 경수로가 들어가는데 로젠 박사님의 역할이 컸다고 봅니다.

내가 아는 한 1,000MW 경수로 두 개하고 북한의 비핵화를 맞바꾸는 그 아이디어를 제일 먼저 얘기한 사람이 로젠 박사님이셨고, 1992년도부터 저와 그런 이야기를 계속 했으니까요. 저도 그것에 대해서 국제원자력기구를 다닌 것이 굉장히 보람이 있었다는 생각을 해요.

지금은 돌아가셨지만 로젠 박사님은 한국의 원자력 안전규제에도 많은 기여를 하셨고, 그분을 통해서 우리 원자력안전기술원이 굉장히 국제화 되었어요. 로젠 박사님은 우리나라의 원자력 안전규제, 즉 과학기술부와 안전기술원이 모두 국제화 하는데 크게 기여하지 않았나 생각합니다.

訪韓 IAEA안전국장 모리스 로젠 박사

『울진 3,4호기는 기술적으로 대단
히 안전한 원전(原電)이라는 것을
눈으로 직접 확인했습니다.또 매우
정돈이 잘된 울진 3,4호기 건설현
장을 둘러보면서 한국의 원자력 안
전문화가 아주 높은 수준에 와있다
는 것을 느꼈습니다.』

고 모리스 로젠 박사
(IAEA 안전담당 사무차장)

한국표준형원자로인 울진 3,4호기의
안전도 평가를 위해 국제원자력기구(IAEA)의 전문가 8명을 이끌고
내한한 모리스 로젠(63. IAEA 원자력안전국장) 박사는 지난 5일 울진
공사현장을 방문한 소감을 이렇게 말했다.
로젠 박사는 74년부터 IAEA의 원자력안전국장직을 맡아오고 있는
원전의 안전평가에 관한한 자타가 공인하는 전문가.

- 미국의 일부 원자로 제작사들이 한국형 경수로의 안전성에 대해
자꾸 흠집을 내려 한다는데 실제 문제가 있는가.
『누가, 왜, 무엇 때문에 그런 소리를 하는지 모르겠다. 한국형 경

수로는 이미 국제적으로 안전성이 공인된 타입이다. 울진 3,4호기
는 현재 잘 가동되고 있는 영광 3호기보다 안전성이 더 향상된 원
전으로 아무 문제가 없다.』

— 체르노빌 사고 이후 원전의 안전성 여부에 대한 일반의 관심과
우려가 좀처럼 줄지 않고 있다. 한국 원전의 안전수준은 어느 정도
라고 평가하는가.
『딱 부러지게 세계 몇 위라는 식으로 말할 수는 없다.원전의 안전
성 문제도 보는 입장에 따라 다를 수 있기 때문이다. 그러나전체적
으로 한국 원전의 안전수준은 매우 훌륭한 편에 속한다.』

— 한국의 경우 원자력 안전규제기관의 힘이 사업자(전력회사)등에
비해 약한 까닭에 안전규제가 제대로 이뤄지지 않는다는 일부의
지적이 있는데.
『원전운영 초기에는 어느나라에나 이런 현상이 있다. 그러나 이같
은 문제는 원전안전에 대한 국민의 관심증대등으로 곧 해결된다.』

중앙일보 1995.06.09
김창엽 기자

12 후쿠시마 원전사고 조사위 국제자문위원 활동

백원필   교수님께서는 오랫동안 한국 원자력기술의 발전과 안전성 향상을 위해 힘써오셨습니다. 그러면 이제는 비교적 최근의 이야기를 안 할 수 없을 것 같습니다. 최근 10년간 원자력계에서 일어난 가장 큰 사건을 꼽는다면 누구나 일본의 후쿠시마 원전사고를 말하지 않을까 싶습니다. 2011년 3월 11일에 동일본 대지진이 일어나고, 교수님께서는 그해 12월에 5인으로 구성된 후쿠시마 원전사고 조사위원회 국제자문단의 자문위원으로 활동하셨는데, 그 때의 이야기도 한 말씀 해주시면 좋겠습니다.

장순흥   네. 제가 임명되고 나서 이듬해 2월에 사고 현장을 방문하고 조사위원회 회의에 참석을 했습니다. 회의에 참석해서 느낀 것이 뭐냐하면 사고를 자꾸 숨기려 했다는 거였어요. 후쿠시마 1호기의 경우에는 쓰나미로 인한 디젤발전기 침수 수

시간 후에, 2, 3호기의 경우에는 2~3일 후에 이미 중대사고가 발생했는데도 정부가 중대사고라고 인정한게 사고로부터 3달이 지난 5월 10일 이었어요. 2호기 격납용기 압력이 갑자기 대기압 수준으로 떨어지고, 방사선량이 시간당 10μSv에서 1,000μSv 이상 올라갔다는 것은 이미 노심이 녹는 중대사고가 발생하고 격납용기도

다카하시 후쿠시마 제1발전소장과 함께 (2012.02)

파손되었다는 것을 의미하거든요. 그리고 회의 도중에도 다들 너무 조용하고 구체적인 답변이 없었어요. 서로 눈치만 보고 모르겠다로 일관해서 커뮤니케이션이 매우 곤란했던 기억이 납니다. 이렇게 정보 공유를 안하고 쉬쉬하는 분위기는 자국민에게도 불안감만 증폭시키고, 타 국가와의 대외관계에서도 일본 정부에 대한 불신을 야기시켰다고 생각합니다.

백원필 예. 사고 이후 여러자리에서 교수님과 함께 언론이나 대중을 상대로 후쿠시마 사고에 대해 설명했던 기억이 생생합니다. 또 학회장

으로 계시면서 후쿠시마위원회를 만드시고 저를 위원장으로 지명해주셔서 50여 명의 전문가들과 나름대로의 보고서를 만드는 기회가 되었습니다. 지금은 후쿠시마 사고 10주년을 앞두고 다른 두 분과 함께 사고에 대한 대중 교양서를 쓰려고 준비하고 있습니다.

장순흥 맞아요. 우리 둘 다 바쁘게 활동했지요. 후쿠시마위원회 보고서도 어느나라 보고서 못지않게 훌륭했다고 생각합니다. 사고 10주년을 앞두고 우리 전문가가 책을 출간한다면 의미가 클 것 같아요.

백원필 또 사고 이후에 많은 전문가들이 지적하는 점 중 하나가 "너무 보수적인 비상대피 기준이 오히려 인명피해를 키웠다" 라는 것인데 이 점에 대해서도 이야기 해 주시지요.

장순흥 일본은 국제방사선방호위원(ICRP)의 외부인 비상 대피 권고 기준20~100 mSv/년 중에서 가장 보수적인 20mSv/년을 기준으로 적용했지요. 너무 보수적으로 기준을 잡아서 당시에 이 기준에 해당되는 주민들이 11만 명이나 됐는데, 문제는 이 지역이 시골이라서 대부분 다 노인들이었어요. 너무나 많은 인원이 노인, 환자 할 것 없이 갑자기 대피를 하다 보니 이동 중에 심리적인 스트레스나 병으로 돌아가신 노인분들이 많았어요.[33] 이와 비교하여 안타까운 것은 초기에 대피에 응하지 않고 집 안에 머물러 있다가 늦게 대피한 사람들도 있었는데 이 사람 중에 방사선 때문에 신체 건강에 이상이 생긴 경우는 하나도 없었다는 거예요. 조사 결과에서도 나온 결론이 일본의 20mSv/년 비상 대피 권고 기준 역시 인체 영향을 기준으로 잡은 것이 아닌 보수적인 기준이기 때문에, 실제로는 옥내 대피 권고만으로도 충분했을 거라는 것이에요. 오히려 방사성 물질이 많은 사고 초기에 밖으로 대피하는 것보다, 어느 정도 사고가 진정되고 나서 대피시키는 것이 더 인명피해를 줄일 수 있다는 것이죠. 그러니까 우리나라도 대피 기준을 주민과 주변 상황에 맞춰서 실질적으로 완화 개선할 필요가 있다고 봅니다. 그래서 한마디로 결론을 내리자면, 후쿠시마 사고는 천재지변으로 시작됐지만 대비를 소홀히 하고 사후 대처가 부실해서 사고가 커진 인재였다고 할 수 있겠습니다.

---

33. 갑작스런 대피 과정에서 12명, 대피 직후 50명의 입원치료 노인이 지병이나 스트레스로 사망함.
출처:UNSCEAR, DEVELOPMENTS SINCE THE 2013 UNSCEAR REPORT ON THE LEVELS AND EFFECTS OFRADIATION EXPOSURE DUE TO THE NUCLEAR ACCIDENT FOLLOWING THE GREAT EAST-JAPAN EARTHQUAKE AND TSUNAMI (2017)

후쿠시마 사고조사 자문위원에 KAIST 장순흥 교수

KAIST는 일본 정부가 장순흥(57) 원자력 및 양자공학과 교수를 후쿠시마 원전사고 조사위원회 국제자문위원으로 임명했다고 29일 밝혔다.

후쿠시마 원전사고 조사위원회는 후쿠시마 사고의 원인과 피해상황에 대해 전문적으로 조사하고 검토해, 유사사고를 방지하기 위한 정책방향을 제시한다는 취지에서 일본 정부가 만든 기구다. 국제 자문단은 조사위원회가 내놓은 결과에 대해 독립적으로 자문·검토하는 역할을 하게 된다.

자문위원으로는 장 교수를 비롯해 리처드 메저브(Richard A. Meserve) 카네기연구소장(전 미국 원자력규제위원회 위원장), 앙드레 클라우드 라코스테(Andre-Claude Lacoste) 프랑스 원자력안전규제당국 의장, 라스 에릭 홈(Lars-Erik Holm) 스웨덴 보건복지청 사무총장 등 4명이 임명됐다.

장 교수는 서울대 학부를 졸업하고 MIT에서 석·박사를 마친 원자력 안전 전문가로, 2009년 9월부터 한국원자력안전위원회 위원을 맡고 있으며 지난 9월에는 한국원자력학회장으로 취임했다.

연합뉴스 2011.11.29.
jyoung@yna.co.kr
박주영 기자

미국원자력학회 하계연차대회(2003.06)

신형원자로 연구센터-도쿄공업대학 공동 세미나

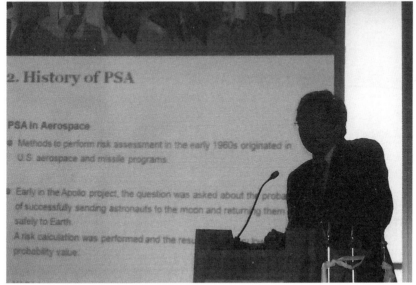

세계공학한림원평의회(CAETS)에서 PSA강연(2011.06)

후쿠시마 국제 자문위 현지 조사(2012.02)

지진 격리건물 회의실

지진 격리건물 화상회의 시스템

지진 격리건물 비상대응동

지진 격리건물 비상대응동

후쿠시마 제1원전 2호기 건물

후쿠시마 제1원전 3호기 건물

후쿠시마 제1원천 3호기 건물

후쿠시마 제1원전 4호기 건물

발전소 보조건물 비상디젤발전기 구역

발전소 보조건물 비상디젤발전기 구역

비상디젤발전기(EDG)

비상디젤발전기 전력공급패널(2호기)

비상디젤발전기 전력공급패널(2호기)

비상디젤발전기 배터리

발전소 보조건물 운전증

사용후핵연료 저장소

후쿠시마 제원전 부지 해수펌프 구역

후쿠시마 제원전 부지 해수펌프 구역

한국수력원자력에서 원자력안전문화 특강(2011.09)

미국원자력학회 방문(2012.06)

추계 한국원자력학회(2012.10)

13 빌 게이츠와의 만남

백원필　그 이후엔 빌 게이츠(Bill Gates) 회장의 초청도 받지 않으셨습니까? 당시 뉴스에서도 많이 기사화 되었던 기억이 납니다. 빌 게이츠가 먼저 연락을 했다고 들었는데, 빌 게이츠가 교수님을 초대한 이유와 그 때의 이야기도 말씀해주시면 좋겠습니다.

장순흥　네. 테라파워(TerraPower)에서 초청해서 2012년에 미국에서 만났지요. 빌 게이츠가 저를 초대한 이유는 이거였어요. 자기가 마이크로소프트 경영에서 물러나서 자선사업을 하다 보니 사람들 생활에 있어서 전기가 무척 중요한 것을 느꼈다는 거예요. 그래서 OECD 통계를 보니까 전기가 제일 값싼 나라가 바로 한국이었다는 거예요. 에너지 자원이 하나도 없는 나라가 어떻게 전기를 싸게 공급할 수 있는가 확인해보니 그 이유가 바로 원자력이었어요.

게다가 한국은 원자력발전소를 20기 이상 돌리고 있고 해외에 수출도 한 원자력 강국이었죠. 기후변화 협약을 고려하면서도 가난한 사람들한테 전기를 싸게 공급할 수 있는 건 현실적으로 원자력밖에 없다고…. 원자력의 중요성을 깨달았다는 거죠. 그래서 한국에서 원자력의 핵심 맴버인 사람들을 검토해보다가 제가 뽑혀서 초대된 것 같습니다.

미국에 가서 빌 게이츠를 직접 만나 보니 한국의 원자력 발전과 기술에 대한 관심이 대단했어요.

특히 한국의 기술자립 경험을 공유하고 싶어 했어요. 그러면서 가장 관심을 가진 기술이 바로 미래형 액체금속로인 소듐냉각고속로(SFR)이어서 이 원자로의 개발에 관해서 중점적으로 이야기 했습니다. 그래서 2012년 미국 시애틀로 초청받 이후, 2013년에는 빌 게이츠가 한국에 와서 또 한 번 만나게 됐는데, 그 때 박원석 당시 원자력연구원의 소듐냉각고속로 사업단장도 같이 갔어요. 그렇게 해서 빌 게이츠가 2013년에 한국에 방문했을 때는 테라파워랑 한국이 공동으로 소듐냉각고속로 설계를 협력하기로 계속 논의가 됐어요.

그런데 아쉬운 것은 테라파워랑 한국 모두 연구 개발 및 공동 설계를 같이 하는 것까지는 서로 동의가 됐는데, 같이 건설까지 하자는 문제에는 합의가 안 됐어요. 테라파워에서는 "같이 건설까지 하자" 했는데, 한국은 "그것까지는 어렵다" 해서 이에 대한 이견으로 더 이상 협력하지 못했습니다.

백원필 빌 게이츠는 지금도 대표적인 원자력 옹호자인데, 그렇게 된 이유를 어떻게 생각하시는지요?

장순흥 빌 게이츠가 원자력을 선호하고 관심을 가졌던 이유는 세 가지로 정리할 수 있을것 같아요.

첫째로 화석에너지는 이산화탄소 같은 온실가스를 배출한다는 겁니다. 빌 게이츠가 기후변화 대응에 대한 열렬한 옹호자이기도 한데, 대기오염으로 생기는 환경오염 문제와 온실가스로 인한 지구온난화 문제 때문에 화석에너지는 점차 줄여나갈 수밖에 없다는 거죠.

둘째로는 신재생에너지는 결코 세계적으로 충분한 대안이 될 수 없다는 겁니다. 신재생에너지는 전기를 생산하더라도 간헐적으로 생산된다는 점 때문에 전기 저장시설이 필요하죠. 그런데 전 세계 배터리를 다 끌어 모아도 가장 전기가 많이 필요할 때의 요구 전력을 10분밖에 공급하지 못 합니다. 그래서 대량으로 안정적으로 공급하기에는 현실적이지 못 하다는 겁니다.

마지막으로 가장 현실적인 에너지원이 뭔가 했더니 그게 바로 원자력입니다. 원자력만이 원활하게 안정적으로 대량의 전기를 공급할 수 있고, 값도 싸면서 온실가스도 없으니 지구온난화 속도를 늦출 수 있는 최적의 해결책이라는 것을 빌 게이츠가 강조한 겁니다.

▎ 미국 테라파워사 초청(2012.08)

▌ 빌 게이츠 방한 (2013.04)

빌 게이츠, 차세대 원자로 연구 한국에 맡겨!

마이크로소프트 창업자인 빌 게이츠가 회장을 맡고 있는 미국 테라파워가 국내 원자력 전문가그룹에 차세대 소듐고속로(SFR)의 일종인 진행파원자로(TWR)의 타당성 연구를 맡기기로 합의했다. 장순흥 한국원자력학회장은 빌 게이츠 미국 테라파워 회장과 최근 제4세대 SFR 기술 개발에 상호 적극 협력하기로 약속하고 1차로 TWR 관련 타당성연구를 한국이 수행하는데 합의했다고 19일 밝혔다.

사업비는 테라파워가 지원한다. 합의에는 장순흥 학회장을 비롯한 박성원 한국원자력연구원 부원장, 조직래 KEPCO E&C 상무, 조창석 KEPCO NF 처장, 김용희 KAIST 교수 등이 참여했다. 두 기관은 지구 기후변화에 대처하고 인류의 에너지난을 해결하기 위한 지속가능한 원자력에너지의 중요성에 서로 공감하고, 제4세대 원전과 같은 기술 혁신에 적극 협력하기로 합의했다.

SFR는 사용후핵연료를 재활용하는 차세대 원자로다. 핵연료 처분장 면적을 지금보다 100분의 1로 줄일 수 있다. 우리나라는 한국원자력연구원이 오는 2030년 상용화를 목표로 연구를 진행하고 있다.

전자신문 2012.08.19.
hbpark@etnews.com
박희범 기자

소듐냉각고속로

소듐냉각고속로(SFR)는 미래의 급격한 에너지 소비 증가에 대비하기 위해 연구개발이 진행되고 있는 4세대(Gen IV) 노형입니다.

현재 세계적으로 개발되고 있는 SFR 원형로는 소듐(Na)을 냉각재로 사용하고 있습니다. SFR은 높은 에너지의 중성자(고속중성자)를 이용하여 핵분열을 일으키며, 이때 원자로에서 발생하는 열을 원자로 일차소듐 냉각재로 전달하고, 이를 다시 중간열전달계통을 통하여 증기발생기에 전달하고 여기서 발생되는 증기를 이용하여 터빈을 가동하고 전기를 생산합니다.

소듐은 물에 비하여 열전도도가 매우 높고, 열교환 능력이 뛰어나 높은 출력밀도의 노심을 효율적으로 냉각할 수 있습니다.

또한 초우라늄(TRU)을 포함하는 연료를 장전하여 같은 규모의 전력을 생산하면서도 높은 에너지를 가진 중성자를 사용하므로

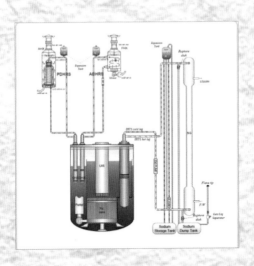

방사성 폐기물 발생량을 크게 줄이고, 핵연료주기도 연료의 효율적 이용을 제고하여 장기적인 에너지 생산이 가능합니다. 원자로노심용융 등 중대사고에 대한 기술적 안전성과 신뢰성 측면에서도 뛰어난 평가를 받고 있습니다.

우리나라는 2008년 '미래 원자력시스템 개발 장기 추진계획'을 마련하여 2012년까지 SFR 원형로의 개념설계를 완료하였고, 2020년 SFR 원형로 특정설계 승인획득, 2028년 SFR 원형로 건설을 목표로 연구개발을 진행하고 있습니다.

출처: 한국전력기술

14 탈원전 정책과 한국 원자력의 미래

백원필 그리고 제가 교수님을 옆에서 계속 뵈면서 느낀 점입니다만, 대부분 반핵단체 인사들과의 접촉을 피하거나 겁을 내는 경우가 많은데, 교수님께서는 그분들과도 적극적으로 접촉하지 않았습니까?

장순흥 그래요. 그 점에 대해서는 원자력 후배들한테 이야기를 좀 해주고 싶어요. 꼭, 서는 사실 원자력 사업자하고는 식사조차 거의 안했어요.

원자력 환경단체나 원전 인근 지역 주민들하고 오히려 밥을 더 많이 먹은 거 같아요. 내가 기억하기로는 많이 찾아갔어요. 그래서 제가 원자력 안전규제 일을 하면서도 지역주민들 얘기도 많이 듣고 결정했어요.

그 다음에 원자력 학회장을 하면서도 지역에 많이 가서 각 지부도 만들고 지역민의 얘기도 많이 듣고 그랬는데, 앞으로 원자력이 제대로 역할을 하려면 지역 주민들과 잘 소통하는 것이 굉장히 중요합니다.

백원필　네, 저도 그렇게 생각합니다.

장순흥　그리고 환경 단체 분들하고도 최대한 이야
기를 하는 게 참 중요하다고 생각하구요. 대
화는 무조건 많이 해야 됩니다. 우리에게
특히 중요한 게 우리와 의견이 다른 사
람들과 이야기를 많이 하는 것입니다.
요즘은 우리 원자력인들이 다들 국민들
에게 원자력의 가치를 열심히 홍보활동
을 하고 있지만 그것이 최근이에요.

백원필　그렇습니다.

장순흥　아이러니컬하게도 정부의 탈원전정책이 ｜정용훈 교수
시작한 최근 몇 년 전부터 시작한 것이지요. 지금
은 저는 뭐 별로 할 필요가 없을 정도로 정용훈 박사를 포함하
여 많은 분들이 노력하고 있어서 감사하게 생각해요. 앞으로도
계속적으로 지역주민이라든지 우리와 조금 뜻이 다른 환경단체
분들하고도 적극적으로 대화를 하는 게 정말 중요합니다.

백원필　네, 저도 그렇게 생각합니다.

장순흥　그리고 원자력계가 위축되지 않고 이전처럼 좀 더 추진
력을 가질 필요가 있다고 생각합니다. 제가 한동대 총장으로 취임
한 이후에, 그러니까 최근 5~6년간 저하고 경주 원자력연구원 부

박원석 박사

지확보를 위해서 수고해준 박원석 박사가 있습니다. 올해에 원자력연구원 원장으로 취임했지요. 저는 박원석 박사가 한필순 박사 이후에 가장 끈기와 추진력을 가지고 있는 것 같아서 향후의 행보를 기대하고 있습니다.

백원필 제가 여쭤보지 않은 것들에 대해서도 하실 말씀이 더 있으실 거 같은데요.

장순흥 우리 마지막으로 이런 얘기 한 번 해보면 어떨까요? 우리가 앞서 말한 대로 APR1400이 정말 세계적으로 안전성도 좋고 경제성도 좋은 가장 경쟁력이 있는 원전인데 최근에 탈원전정책 때문에 참 안타깝습니다. 그래서 "미래에 원자력이 어떻게 될 것인가."에 대해시 이야기를 솜 하고 가야 되겠죠? 저는 이 정부에서 원전수출은 되는데 국내 원전건설은 안 된다고 하는 게 참 안타까워요. 특히 두 가지 측면에서 그래요.

첫째, 국내 원전건설이 어느 정도 되어야 그 모든 설계, 제조, 부품 공급과 같은 국내 공급망(Supply Chain)이 유지될 수 있는데 이 체제가 깨질 위험성이 크지요. 그래서 우리 원전기술은 분명히 국제경쟁력이 있으므로 최소한의 공급망은 계속 유지할 수 있도록 정부가 도와주기를 바라고 있죠.

다음으로 안타까운 건 뭐냐 하면 우리가 제일 경쟁력이 있는데, 만약에 한국이 안 한다면 세계 원전 시장이 러시아와 중국 시장으로 다 갈 것이라는 거죠. 러시아, 중국에 대해 가격경쟁력을 갖춘 자유세계 국가가 한국밖에 없는데, 만약에 한국조차 원자력을 안 하게 되면 자유세계의 원자력이 굉장히 어려워집니다. 그런 면에서 저는 한국 원자력의 붕괴 문제는 한국만의 문제가 아니라 자유세계 전체의 문제라는 이야기를 하고 싶어요.

우리 정부에 건의하고 싶은 것은 한국의 원자력이 무너진다는 것은 자유세계의 원자력이 무너지고 완전히 러시아, 중국으로 주도권이 넘어가게 되어 지금 당장은 몰라도 향후에 에너지 안보와 핵 안보 등 모든 차원에서 큰 문제가 생길 거라는 점이에요. 우리 정부가 그런 각도에서도 좀 생각했으면 좋겠어요.

또 한 가지 아쉬운 건 이거예요. 내가 보기에 국내 원전건설과 원전수출과 함께 우리에게 진짜 중요한 것 중에 하나가 원전수명 문제라고 봐요. 지금 우리나라는 가동 원전을 40년 이상 운전하지 않는다고 하는데, 미국은 벌써 60년을 지나서 80년까지 연장을 추진하고 있잖아요? 처음 40년으로 허가받았던 미국 원전들이 계속 운전을 신청하면 거의 다 60년이 승인 됐고 지금은 80년도 안전에 별 문제가 없다는 건데, 외국에서는 80년 쓸 수 있는 것을 우리나라에서는 40년만 쓰고 버린다는 게 너무 아까운 거죠.

그래서 가동 원전의 수명 문제에 대해서 정말 다시 한번 우리가 적극 검토해볼 필요가 있어요. 한 번 더 이야기하고 싶은 것은 한국의 원자력발전소를 비롯한 원자력 전반은 자유세계의 원자력이라는 관점에서 우리 정부가 좀 더 자랑스럽게 여기면서 개발했으면 좋겠어요.

저는 "한국 원자력이 무너지면 자유세계의 원자력이 무너진다."라는 굉장한 확신을 갖고 있어요. 최근에 러시아가 세계 원자력 수주시장을 60%쯤 차지하고 중국이 거의 30~40% 점유하지 않겠느냐는 전망도 벌써 나오는데, 이것은 우리가 깊게 생각해야 될 아주 중요한 문제라는 말로 마무리 하고 싶군요.

백원필 저도 거기에 조금만 보태겠습니다.

장순흥 그렇게 하세요.

백원필 저도 당연히 한국의 원자력이 무너지는 것을 자유세계 원자력 차원에서 특히 미국이 심각하게 바라보고 있습니다. 그렇지만 우리 정부가 신규건설 반대의 입장을 쉽게 바꿀 것이라고는 기대하지 않습니다. 지금으로서는 건설에 착수한 후 중단한 신한울 3,4호기만이라도 건설을 재개하여 위기에 처한 인프라, 즉 공급망을 유지할 수 있도록 모든 노력을 집중해야 할 것으로 생각합니다.

또 사우디는 어쨌든 원전을 짓기는 지을 거 같으니까, 우리가 주계약자로 가면 가장 좋겠고, 미국의 관심이 워낙 높아서 주계약자가 안 되는 경우라도 일정 부분 이상 참여해서 현재의 위기를 넘겨야 한다고 생각합니다. 그리고 개발도상국에 있는 분들을 만나보면 개발도상국일수록 겉으로 보이는 안전성이 높은 것들을 선호하는 경향이 있습니다. 우리가 경북 영덕지역에 지으려 했던 APR+ 있지 않습니까?

장순흥   그렇지요.

백원필   그래서 다행히 지금 한수원에서 APR+를 개량하는 연구를 계속 하고 있는데 그 APR+가 있다는 것도 계속 외국에 이야기하면서…

장순흥   네, 그렇죠.

백원필   예. 아직까지는 남아있는 원자력 수출 동력을 유지하면 좋겠습니다. 그런데 저도 과거에는 OECD/NEA[34]에 가서 회의 참석할 때 좀 재미도 있고 말도 세게 하고 했는데, 요즘 가면 힘이 안 납니다. 그래도 다행인 것은 교수님께서도 앞에서 말씀하셨지만 원자력의 필요성이나 안전성에 대해 밖에 나가서 적극적으로 얘기하는 분들이 과거에는 매우 제한적이지 않았습니까? 그런데 요즘은 대학 교수님들, 젊은 교수님들이 많이 나서는 게 장기적으로는 상당히 좋은 결과를 가져올 수도 있겠다는 생각을 합니다.

장순흥   그래서 다시 한번 좀 보면 "앞으로 원자력은 꼭 필요하

---

34. Nuclear Energy Agency, OECD. 원자력개발 분야의 상호협력관계 구축을 위해 설립한 경제협력개발기구(OECD)의 하부기구.

다." 꼭 필요한 게 뭐냐 하면 에너지 안보 차원이나 또 환경 문제 있잖아요? 온실 가스 문제나 미세먼지 이런 측면에서 원자력은 꼭 필요한데 한국원전이 무너지면 자유세계의 원자력이 무너지는 것이기 때문에 굉장히 중요한 문제예요. 그래서 이것은 한 정부의 문제라고만 보지 않고 좀 더 국제적으로 특히 자유세계 차원에서 좀 더 봐야 되고, 그래서 정말 우리 한국의 원자력이 세계적인 역할을 할 수 있도록 계속 밀어줘야 된다. 그런 것을 좀 강조하고 싶네요.

백원필 재생에너지는 선(善)이고 원자력은 악(惡)이라고 이분법적(二分法的)으로 다루던 언론도 이제 조금씩 변화하고 있는 것 같습니다. 그래서 얼마 전에 **KBS의 '시사기획 창'**[35] 프로에서 원자력을 상당히 중립적인 입장에서 다루는 것을 봤습니다. '추적 60분'[36] 방송을 보니까 태양광의 문제점, 물론 정책 차원보다는 이행하는 과정에서의 여러 가지 문제점들을 많이 들추면서 "태양광이 그렇게 주민들한테 매력적이 아닐 수 있다."라는 메시지를 전하던데, 어쨌든 1년 전에는 그런 것은 아예 보도되지 않았었기 때문에 좀 어리둥절합니다.

장순흥 그리고 나는 우리에게도 어느 정도 잘못이 있는 거 같

35. KBS 1TV 〈시사기획 창〉 '탈원전의 두 가지 시선'(2019.03.12.(화) 방영)
36. KBS 1TV 〈추적 60분〉 '환상의 재태크, 태양광 발전의 그늘!' (2019.06.14.(금) 방영)

아요. 우리가 반성할 것은 뭐냐 하면, 우리가 원전을 안전하게 설계하고 운영하면서도 국민을 안심시키는 데는 실패했어요.

백원필 그렇죠.

장순흥 그래서 우리 원자력인들이 국민 눈높이에서 부족한 부분은 더 보완하고 국민과 잘 소통하여 안심시키기 위한 노력을 더 해야 한다고 봅니다. 예를 들어 원전 중대사고를 더 정확하게 분석하여 "원자력 발전소에서 설사 중대사고가 나더라도 발전소 바깥에 사람들은 걱정할 필요가 없다."하는 것을 좀 확실히 좀 보여주고. 특히 "비상 대피를 안 하고 집 안에 있어도 괜찮다." 할 수 있을 정도로 대비하고 확신을 주는 게 굉장히 중요한 거 같아요.

과거 후쿠시마 사고에서도 방사선 때문에 죽은 사람은 하나도 없는데[37] 너무 급하게 대피하는 과정이나 피난시설에서의 스트레스로 인한 사망자들이 나온 거잖아요? 지금 생각해보면 대부분의 사람들은 그렇게 급하게 비상 대피할 필요가 없었던[38] 거예요.

---

37. 출처:1. UNSCEAR, UNSCEAR 2013 Report (2013)
   2. WHO, Health risk assessment from the nuclear accident after the 2011 Great East Japan earthquake and tsunami, based on a preliminary dose estimation (2013)

백원필 그렇습니다.

장순흥 집에 있었어도 되는데… 제가 후쿠시마 사고 후 일본에 초대 받아서 가보니까 실내에만 들어가면 방사선량이 뚝 떨어지는 거예요. 바깥에 비해… 그래서 제가 느낀 거는 일본 정부가 잘못한 것은 비상 대피 기준을 너무 낮게 잡았다는 거죠. 우리나라의 원자력발전소들에 대해서도 사고에 대한 정확한 분석을 바탕으로 대책을 잘 마련하고, 원자력발전소 바깥에 있는 인근 주민들은 사고가 나더라도 급하게 대피하지 않아도 된다는 것을 좀 더 정확하게 보여주어 안심할 수 있게 하는 노력이 필요합니다.

백원필 지금 과기부와 산업부의 안전 연구도 그 부분에 상당히 초점을 맞추고 있습니다. 그러니까 진짜 중대사고가 일어나더라도 발전소 밖에서의 영향은 김딩할 수 있는 수순 이상 안 넘게 하는 쪽으로 많이 고민하고 있습니다. 저도 말씀하신대로 사고가 발생하면 일단 대피가 먼저가 아니고 문을 닫고 실내에 있으면서 상황이 어떻게 되느냐 파악

---

38. 출처:UNSCEAR, DEVELOPMENTS SINCE THE 2013 UNSCEAR REPORT ON THE LEVELS AND EFFECTS OF RADIATION EXPOSURE DUE TO THE NUCLEAR ACCIDENT FOLLOWING THE GREAT EAST-JAPAN EARTHQUAKE AND TSUNAMI (2017)

하는 게 훨씬 더 중요하다고 봅니다. 그런데 지금의 제도는 거꾸로 간 부분이 있지 않습니까? 반경 3~5km 지역은 어떤 상황이 벌어지면 무조건 대피시키는…

장순흥 그런 것을 우리가 좀더 합리적인 제도를 만들어야 되겠죠. 합리적인 제도를. 사실 보면 원자력발전소에서 가장 걱정하는 건 세슘이거든요. 그런데 세슘은 물에 잘 녹기 때문에 세슘을 배기할 때 물만 통과시켜도 대부분 다 제거되는 건데, 원자력 안전에 대한 설명을 좀 더 잘해서 국민이 필요 이상의 불안감을 갖지 않도록 해야 합니다. 그런데 가만히 보면 일부 연구자들은 자꾸만 중요하지 않은 문제를 가지고 많은 시간을 낭비하는 거 같아요.

백원필 사실 그런 부분도 좀 있습니다.

장순흥 그래서 원자력연구원이 학계와 협력하여 충분히 확보된 원자력 안전에 대해 국민에게 잘 알려서 안심하도록 하는 활동을 더 잘해주면 좋겠어요. 중대사고팀과 확률론적안전성평가팀의 적극적인 역할이 필요해요. 물론 원자력 안전에서 부족한 부분을 정확히 찾아내어 안정성을 높이고, 이를 국민에게 이해시켜 안심시키려는 노력도 계속해야 합니다.

마무리

과감하고 끈기있게 계속 도전을

백원필　이제 중요한 말씀은 다 하신 거지요?

장순흥　네.

백원필　그러면 마무리에 앞서 말씀을 좀 드리겠습니다. 지난 37년간 우리 연구실과 연구실 출신들이 국내외에서 나름대로 긍정적인 역할을 많이 해왔다고 생각합니다. 여기에는 교수님 스스로 하신 일이 가장 많으셨습니다. 또 제자들에게는 여기 있는 후배들도 마찬가지로 느끼겠지만, 한 사람 한 사람 맞춤형으로 자극시키고 격려하시면서 자기 주도적으로 일을 할 수 있도록 잘 이끌어주신 것 같습니다. 그것이 학생들이 졸업 후 각자의 영역에서 자기 주도적으로 제 역할을 하는 밑거름이 되었습니다.

그리고 교수님을 옆에서 쭉 뵈면서 "어떻게 하면 저렇게 일을 하실 수 있을까" 하는 생각을 해왔습니다. 20대 후반부터 교수님께서 추진해

오신 일은 정말 존경스러움은 물론이고 어떤면에서는 경이롭다고 밖에 할 수 없습니다. 오늘 교수님과의 대담을 준비하면서 교수님의 진짜 강점이 무엇일까를 생각해봤습니다. 그런데 정말 많으시더라고요. 그래도 그 중에서 '사랑', '통찰', '용기'라는 세 꼭지만 말씀드리고 싶네요. 우선 교수님의 모든 활동에서 '사랑'이 맨 앞에 자리했다고 느낍니다. 교수님께서 다른 분들보다 앞서 나가셨고 어떤 면에서는 힘도 있으셨기 때문에 가까이 접하지 않은 분들 중에는 차갑다거나 멀게 느끼기도 합니다만, 아는 분이든 모르는 분이든 무언가 어려움에 처하거나 도움을 청했을 때는 늘 도와주시려고 하셨지요.

꽃동네 활동도 그렇고, 후학들을 챙기시는 것도 그렇고, 원자력 분야에서 하신 많은 일도 사랑하는 마음, 희생하는 마음이 없었다면 불가능하셨을 것입니다. 그 사랑이 기본이 되어서 여러 의사결정을 해오셨다고 생각합니다.

그리고 지금까지 누구도 갖기 어려운 통찰력을 계속 보여주셨던 것 같습니다. 그러니까 이미 벌어진 이슈에 대해서는 그 이슈 자체에 대한 비판, 분석에 머무르지 않고 이것을 어떻게 해결할 것이냐를 늘 생각하시면서 일을 해오셨고, 미래의 변화에 대한 통찰과 대비도 훌륭하셨습니다. 저도 옆에서 많이 배웠습니다.

마지막으로 '용기'가 정말 대단하셨다고 생각합니다. 앞에서도 잠깐 말씀 드렸지만, 반핵단체 등 우리를 싫어하고 비판하는 분들과도 서슴없이 만나서 말씀을 나누시니까 그분들도 일정한 선을 지키면서 교수님을 대하는 것 같습니다. 또한 매우 젊으실 때부터 사실 원로 분들의 지지를 정말 많이 받으신 것도 교수님의 용기가 큰 영향을 미쳤다는 생각이 들어요. 그리고 어려운 문제에 부딪혔을 때는 피하시지 않고 정공법으로 문제를 풀어나가신 것도 용기셨습니다.

더 많은 좋은 단어들도 물론 있지만 오늘은 세 가지 정도로 정리를 해봤습니다. 제가 훌륭하신 교수님과 인연을 맺어서 40년 가까이 이렇게 성장할 수 있었던 것은 정말 행운이라고 생각하고 감사드립니다.

장순흥   제가 감사해요. 정말 감사합니다. 백원필 박사를 비롯해서 우리 제자들 모두에게 너무 감사해요, 다들. 지금도 각계, 산업계, 대학, 연구소에서 각자의 역할을 다 하는 제자들에게 감사해요. 이 자리를 빌려 다시 한번 말씀드리고 싶은 것은 제가 20대부터 굉장히 많은 일을 추진할 때 도와주셨던 우리 원자력계 선배님들께 정말 감사하다는 점입니다.

특히 원로 선배님들께서 많이 받아주셨고, 그다음에 정말 동료, 그다음에 또 후배를 비롯하여 모든 원자력인들에게 감사를 드립니다. 우리 카이스트 원자력공학과의 교수님들께도 특별히 감사드려요.

우리 원자력계가 점점 어려워지는데, 어려울 때일수록 더 단결하고 또 더 새롭게 발전하는 그런 원자력이 됐으면 좋겠어요. 앞으로 우리 후배들, 특히 요즘 학생들에게도 정말 새로운 길이 있을 것입니다. 저는 좋은 기회가 꼭 있다고 봐요. 지금 원자력계에서 일하는 분들뿐만 아니라, 재학생들, 또 앞으로 들어올 원자력인들도 또 과감하고 끈기있게 계속 도전해주기 부탁드립니다. 이제 이 정도로 마쳐도 될 것 같네요.

백원필   네, 알겠습니다.

장순흥   오늘 백 박사가 좋은 말을 많이 해주어 고마워요.

백원필   별 말씀을요. 37년을 되돌아보기에는 시간이 충분하지는 않았지만, 교수님과 함께 한 기억을 되새겨보는 행복한 시간이었습니다.

고생 많으셨습니다. 다시 한번 감사드립니다.

장순흥 고맙습니다.

카이스트 원자력 및 양자공학과 증축 준공식(2004.01)

카이스트 원자력 및 양자공학과 이병휘 독서실 개관

카이스트 원자력 및 양자공학과 교수 워크샵(2011.08)

카이스트 원자력 및 양자공학과 OASIS 휴게실 오픈(2014.02)

┃ TED 강연(주제: 국제 에너지 문제의 해결책, 2013.05)

미국 테라파워 초청 방문(2012.08)

| 미국 테라파워 초청 방문(2012.08)

빌 게이츠 방한 회의(2013.04)

빌 게이츠 방한 회의(2013.04)

빌 게이츠의 청와대 초청 방문(2013.04)

┃ 빌 게이츠의 청와대 초청 방문(2013.04)

부 록

1. 장순흥 교수 이력

학 력

1972.03~1976.02	서울대학교 핵공학 학사
1977.09~1979.12	M. I. T 핵공학 석사
1979.12~1981.05	M. I. T 핵공학 박사

경 력

1978.01~1979.08	M.I.T. 연구조교
1979.09~1981.05	M.I.T. 강의조교
1981.06~1982.06	Bechtel Power Corporation(미국) 핵공학부 안전해석 Staff
1982.07~2019.08	한국과학기술원(KAIST) 원자력 및 양자공학과 교수
1982.09~현재	원자력안전기술원 자문위원 및 안전심의 위원
1987.01~1987.12	Chalk River Nuclear Lab. (Canada) 초청 연구원
1988.01~1990	한국과학기술원(KAIST) 원자력공학과 주임교수
1987~1992	국제학술지 "System Safety & Reliability Engineering" 편집위원
1992.09~1999	국제원자력기구 안전자문단(INSAG) 위원
1993~ 1997	원자력위원회 안전전문위원

1994~종료	OECD/NEA 안전위원회 위원
1997.08~2003	원자력안전위원회 위원
1998.05~1999.06	국가과학기술자문 회의 위원
2001.06~2003.03	한국과학기술원(KAIST) 기획처장
2001.09~2003	원자력안전전문위원회 위원장
2003.04~2004.07	한국과학기술원(KAIST) 교무처장
2003.11~현재	한국과학기술한림원 정회원
2004.01~현재	한국공학한림원 정회원
2004.06~2008.06	미국 ANS Nuclear Technology 부편집장
2005.02~2005.10	한국과학기술원 기획처장
2005.03~2008.02	한국과학기술단체총연합회 이사(15대),
	국제협력위원회 위원
2005.11~2006.08	한국과학기술원(KAIST) 대외부총장
2006.02~2007.02	한국과학기술한림원 출판홍보위원
2006.05~현재	미국 ANS Fellow
2006.08 ~2010.07	한국과학기술원(KAIST) 교학부총장
2007~2012	한동대학교 이사(2007~)
	이사장대행(2009)
	이사장(2010~2012.2)

2008. - 2010	한국전자통신연구원(ETRI) 자문위원
2008~2010	교육과학기술부 정책자문위원회 원자력분과 위원장
2009.04~2010.02	미래지속가능에너지위원회 위원(한국과학기술한림원)
2009~2010	청와대 녹색성장 위원회 과학기술계 위원
2009.09~2011.12	한국 원자력안전위원회 위원
2010~종료	국가핵융합위원회 위원
2010.08~2014	KUSTAR-KAIST 교육연구원장
2010.09~2011.08	한국원자력학회(KNS) 수석부회장
2011.05~2014.05	(사)한국원자력아카데미 이사
2011.09~2012.08	한국원자력학회(KNS) 회장
2011.11~2012.02	일본 정부 후쿠시마 원전사고 자문위원회 국제자문위원
2012.01~2013.05	한국원자력안전기술원 비상임 이사, 의장
2012.03~2016.03	학교법인 울산공업학원 이사
2012.05~2012.12	한국전기학회 최고자문위원
2012.05~2013.12	한국전력 국제원자력대학원대학교(KINGS) 대학발전 자문위원
2012.09~2014	신형원자로연구센터 소장
2012.12~2013.11	한수원 원자력정책자문위원회 위원

2013.04~2014	Bently 석좌교수
2013.04~2015.04	한국과학창의재단 비상임이사
2013.05~2017.05	한국 원자력안전전문위원회 위원장
2013.09~2015.01	국가과학기술자문회의 위원
2013.11~2015.11	창의재단 '미래세대를 위한 과학(기술/공학) 교육' 자문위원
2014.11~2017.12	대한적십자사 중앙위원
2016.01~2016.06	제 66회 유엔 DPI/NGO 컨퍼런스 조직위원장
2014.02~현재	한동대학교 총장
2014.02~현재	한국대학교육협의회 대학간 창조적 협력 개발 추진위원회 위원장
2014.06	한국사학진흥재단 재난안전관리위원회 위원장
2014.12~현재	경북창조경제혁신센터 이사장
2015.01~2019.02	한국공학한림원 감사
2017.11~현재	국민안전안심위원회 위원

수상 경력

1989년	제1회 원자력열수력학 및 운전에 관한 학술상
1994년	미국원자력학회 우수논문상
1995년	과학기술단체총연합회 과학기술 우수논문상
1996년	한국과학기술원 연구 창의상 (개원 25주년기념)
2003년	대한민국 홍조근정훈장
2003년	ANS 학술상 수상 (아시아최초)
2004년	KNS 우수논문상
	(수소 연소제어를 위한 소염망 냉각 모델 평가)
2011년	KNS학술발표회 우수논문상
	(A Qualitiative Study on Low Public Acceptance of Nuclear Power in Terms of Communication Problems)
2013년	KNS학술발표회 우수논문상
	(An Experimental Study on Onset fo Flow Instability for Downward Flow within Narrow Rectangular Channels)
2014년	과학기술훈장 창조장 (1등급)

저서

1997년	『임계열유속』(백원필 공저) 청문각
1998년	『원자력안전』(백원필 공저) 청문각
2012년	『Nuclear Power Plant』(공저) INTECH
2013년	『공학이란 무엇인가』(공저) 살림출판사

POWER PLANT DESIGN

Korea looks beyond the next generation

Korea's Center for Advanced Reactor Research (CARR) is developing a large passive PWR, known as the CP-1300, as a potential successor to the Korean Next Generation Reactor (KNGR). CP-1300, envisaged for introduction around 2015, is based on the KNGR but with increased use of passive safety features.

According to the government's current plan, Korea is to construct PWR and CANDU power plants up to the year 2025 when fast reactors are to be introduced. The PWRs include the 1000 MWe design known as the Korean Standard Nuclear Power Plant (KSNPP) which will be constructed up to around 2007, when the 1300 MWe KNGR is to be introduced. However, considering the fast progress of technology, it is thought that a third-generation reactor, expected to be a passive PWR or an improved version of the KNGR, will be needed around 2015.

DESIGN DIRECTION OF CP-1300

CARR, an inter-university collaborative research institute established at the Korea Advanced Institute of Science and Technology (KAIST), has been investigating the feasibility of large passive PWR concepts (1000 and 1300 MWe) to fill this role.

Through the feasibility study, the 1300 MWe version (CP-1300) was assessed to be

The authors are at the Center for Advanced Reactor Research, Korea Advanced Institute of Science and Technology, 373-1 Kusong-dong, Yousong-gu, Taejon, South Korea 305-701.

by SOON HEUNG CHANG,
HEE CHEON NO, WON-PIL BAEK,
SANG-IL LEE & SEONG-WOOK LEE

more suitable for further development. KSNPP and KNGR are used as reference designs to take maximal advantage of domestic technologies. The CP-1300 plant will have a concrete containment and the final safety functions will be achieved through passive systems.

The main features distinguishing CP-1300 include:
• An increased number of fuel assemblies to reduce the power density.
• New core make-up tanks (CMTs) for smooth safety injection.
• Decay heat removal by steam generator secondary side natural circulation.
• Passive containment cooling with internal or external condensers.

Since the CP-1300 programme was initiated in 1992, the reactor concept has been established, some preliminary safety analyses completed, and small-scale verification experiments for key design features are underway. As a result, the conceptual design and the preliminary design parameters of the plant have been determined. A tentative schedule for CP-1300 development is shown below.

OVERALL CONCEPT

The NSSS design of the KNGR (similar to that of System 80+) is adopted with some modification for enhancement of safety and operational margins. The passive safety systems are derived mainly from Westinghouse's AP600 and GE's SBWR (now superseded by the ESBWR) with appropriate modifications. A double concrete containment system is adopted in consideration of construction experience and costs. The table summarises primary design parameters of the CP-1300 in comparison with those of AP600, System 80+, KSNPP and KNGR.

■ Reactor and reactor coolant system

The CP-1300 adopts the KNGR-type reactor core. However, the number of fuel assemblies is increased from 241 to 249 to reduce the power density. Therefore, core thermal parameters, such as the average heat flux on fuel rods, the average core power density etc, are generally reduced and the operational margin increased.

The reactor coolant system (RCS) consists of the reactor, two steam generators, four reactor coolant pumps (RCPs), a pressuriser, two hot legs and four cold legs; the general

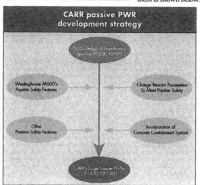

CARR passive PWR development strategy

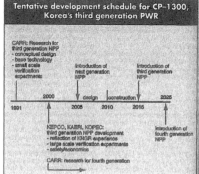

Tentative development schedule for CP-1300, Korea's third generation PWR

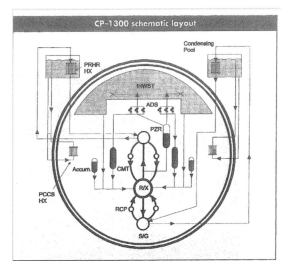

CP-1300 schematic layout

(Diagram labels: Condensing Pool, PRHR HX, IRWST, ADS, PZR, Accum., CMT, R/X, PCCS HX, RCP, S/G)

configuration is the same as that of KNGR. Instead of the canned motor pumps used in AP600, centrifugal sealed pumps having large inertia are adopted. The sealed pump has the characteristic of slow flow coast-down compared with the canned motor pump.

■ **Passive residual heat removal system**

The developers found three types of passive residual heat removal system (PRHRS) to be promising for a large PWR:
• Single-phase natural circulation of the primary coolant through heat exchangers submerged in the in-containment refuelling water storage tank (IRWST).
• Two-phase natural circulation of the steam generator secondary water through secondary condensers (SCs) submerged in a condensing pool located outside the containment.
• Boil-off of the steam generator secondary coolant injected by gravity from a water tank outside the containment.

The middle option, which is essentially the same as the isolation condenser in the SBWR, was adopted for several reasons. It shows outstanding capability for depressurising the primary system for loss-of-feedwater accidents according to the preliminary safety analysis. Compared with the first option, it provides a simpler

Design characteristics of the CP-1300 and other reactors

	AP600	System-80+	KSNPP	KNGR	CP-1300
Reactor designer	Westinghouse	ABB-CE	KAERI/ABB-CE/KOPEC	KAERI/ABB-CE	CARR
No. of coolant loops	2	2	2	2	2
Core thermal power (MWt)	1 933	3 800	2 815		3 800
NSSS thermal power (MWt)	1 940	3 817	2 825	3931	3 817
Rated power (MWe)	~600	~1 300	~1 000	~1 300	~1 300
RCS pressure (MPa/psia)	15.51/2250	15.51/2250	15.51/2250	15.51/2250	15.51/2250
Steam pressure (MPa/psia)	5.48/795	6.90/1 000	7.38/1 070	6.89/980	6.90/1 000
Total steam flow (kg/s)	1 058.4	2 222.6	1 602.2	2 222.2	2 222.6
Containment type	Steel cont. + concrete shield	Steel cont. + concrete cont.	Concrete cont. with steel liner	Double concrete cont.	Double concrete cont.
Residual heat removal	PRHRS using HX in IRWST	S/G + aux. feedwater; active RHRS		S/G + aux. feedwater; active RHRS; non-safety-grade SC	Secondary condenser
Safety injection	Passive (CMT, accumulator, IRWST)	Active (high pressure injection, low pressure injection) + passive (accumulators)			Passive (CMT, accumulator, IRWST)
Containment heat removal	Passive spray on steel cont.	Active cooling by spray and/or fan cooler systems			Passive
Molten corium cooling	In-vessel retention through external cooling	Debris cooling in reactor cavity			In-vessel retention through external cooling
Plant lifetime (yr)	~60	~60	~60	~60	~60
Refuelling interval (months)	18	18–24	18~24	18~24	18~24

arrangement of components inside the containment and thereby facilitates maintenance work. Compared with the third option, there is a smaller possibility of radioactivity release during a steam generator tube rupture accident.

■ **Passive safety injection system**

In conventional PWRs or the KNGR, high-pressure safety injection is usually performed by high-head low-flow pumps, intermediate-pressure injection by nitrogen-pressurised accumulators, and low pressure injection by low-head high-flow pumps. In the CP-1300, intermediate-pressure injection is accomplished by two accumulators, and low-pressure injection by gravity-driven flow of the IRWST water. An automatic depressurisation similar to that of AP600 is provided for effective injection of IRWST water into the reactor. Two direct vessel injection (DVI) lines are used for safety injection. When the IRWST water level becomes very low, the containment water level becomes sufficient for water to flow into the RCS through the gravity recirculation lines.

Two core makeup tanks (CMTs) with spargers are used for the high-pressure injection. The idea of CMT was first introduced in AP600, with pressure balancing lines from the pressuriser vapour space and/or cold legs to the top of the CMTs. While the pressure balancing lines are required to obtain the driving force for injection, some problems have been identified with CMT operation:
• Dilution of boron concentration in CMTs due to the injection of reactor coolant through cold leg pressure balancing lines during normal operation.
• Delay in the injection of CMT water due to the rapid condensation of pressuriser steam when mixed with the subcooled water in the upper region of the CMTs.
In the CP-1300, improvement in the CMT design was undertaken to resolve these problems. The cold leg pressure balancing line is eliminated to solve the boron concentration dilution problem and spargers are attached to the pressuriser balancing lines in the upper part of the CMT to assure an adequate driving force by preventing rapid condensation of the entering steam.

■ **Passive containment cooling system**

There are several passive containment cooling concepts that have been proposed for advanced PWRs. It is relatively easily achievable with a steel containment system as the steel wall itself can be used as a heat transfer medium. However, the CP-1300 has adopted the double concrete containment system as in the KNGR, in consideration of the higher construction cost and very limited construction experience with large steel containments. As the thick concrete wall cannot be used as the heat transfer medium, separate passive heat transfer paths have been investigated.

From the feasibility assessment, passive water spray was found to be the most adequate for mitigation of the pressure and temperature rises during the initial phase of an accident. For long-term cooling, the internal condenser concept utilising the natural circulation of the PCCS pool water through the condenser tubes inside containment has been adopted as the basic option. The steam inside the containment would condense on the outer surface of the condenser tubes. The cooling water inside the condenser tubes could be single or two phase according to the condition of containment atmosphere. The required heat transfer area is assessed to be easily achievable.

As an alternative to the internal condenser concept, an external condenser concept, similar to the isolation condenser system in the SBWR, is also being investigated. The steam–air mixture is condensed in the condenser tubes submerged in the PCCS pool outside the containment and the condensate returns to the containment sump by gravity. The main concern about this concept is the degradation of condensation heat transfer due to the accumulation of air inside the tubes; a steam-driven ejector system is adopted together with a steam generator makeup tank for continuous steam supply.

■ **Severe accident containment**

The design of the CP-1300 takes account of severe accident scenarios. The automatic depressurisation system is used to prevent

Validation experiments

A series of small-scale validation experiments on the passive safety systems adopted in the CP-1300 are being conducted at CARR to confirm the preliminary studies and to assess the newly developed concepts.

■ **Passive safety injection system (PSIS)**

The passive safety injection system of the CP-1300 is similar to the emergency core cooling system of the KNGR except for the core make-up tank (CMT) with its sparger. Some design data are therefore available. The data for the automatic depressurisation system (ADS) design are available from AP600 experiments being done by ENEA in Italy. However, validation experiments on the core make-up tank with sparger are necessary because this is a unique feature of the CP-1300. Such experiments have been done using a small-scale test facility at KAIST (see schematic diagram).

Experiments have shown that if the injection valve is opened and the water level in the steam feed line drops below the top of the CMT simulator, the steam from the steam generator jets into the highly subcooled liquid in the CMT simulator. The increased interface area results in rapid condensation and in turn, a rapid pressure drop in the CMT simulator takes place. This pressure drop causes the upstream pressure in the injection valve to be less than the downstream pressure, and the injection of the CMT simulator may be delayed until the upstream pressure is larger than the downstream pressure due to greatly reduced condensation in the top of the CMT simulator. Such a long delay in the injection of the CMT could result in early uncovering of the core. The function of the sparger is therefore to divert the steam jet and to spread it around the the top of the CMT. As the temperature of the water in the top of the CMT with the sparger increases more rapidly than without it, early water injection becomes possible.

The small scale test facility is used for observing the thermohydraulic phenomena occurring in the CMT. A full-pressure, larger-scale test will be conducted in 1998 to obtain the data useful for the design.

■ **Secondary condenser (SC)**

Studies on secondary condenser concepts have been performed all over the world. Furthermore, the isolation condensers in GE's SBWR (now superseded by ESBWR) are similar to the secondary condenser incorporated in CP-1300. Also, in the KNGR the secondary condenser is adopted as a non-safety-grade decay heat removal system. Recently, KEPCO has been work-

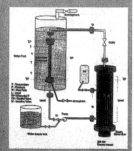

▲ **SC test facility**

ing on the design of the SC and KAIST is developing the design code and doing experimental work for its validation.

KAIST is constructing a full-pressure, single-tube test facility (see schematic diagram). It consists of a condensation pool, condenser, and steam generator.

The experimental data from the present experiment will be used for code validation. The tube in the condenser has the prototype dimension of 1.8 m in height and 50.8 mm in diameter.

The secondary condenser experiments and the development of the code will be finished by December 1998.

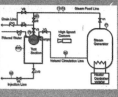

▲ **CMT test facility**

a high-pressure melt ejection event which may threaten the containment integrity by direct containment heating (DCH), etc. For low-pressure core melt events, the molten corium will be retained inside the reactor vessel through the external cooling of the lower head. This approach is adopted in the AP600 and the feasibility has also been confirmed for the larger PWR by a preliminary analysis. Passive hydrogen ignitors are designed to maintain the hydrogen concentration inside the containment below 10% in the worst case of 100% cladding metal-water reaction.

PRELIMINARY SAFETY ANALYSIS

To simulate accidents in passive advanced reactors like CP-1300 using RELAP5, it is essential to identify the phenomena and systems which the code does not represent properly, and to improve the models in the code. The new systems introduced in the

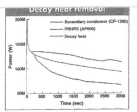

▲ The first electric light in Korea, as depicted in a recent annual report of the Center for Advanced Reactor Research.

design are the CMT with sparger and the secondary condenser. The original RELAP5/MOD3.1 does not properly model the direct contact condensation of steam in the CMT with a sparger. Recently, an improved RELAP5, named RELAP5/CP, which can deal with this phenomenon has been developed at the Department of Nuclear Engineering of KAIST based on the experimental data from a small-scale test facility.

The double-ended Guillotine break in the DVI pipe may be the most serious challenge to the plant because it accompanies the loss of the passive safety injection system. This accident was simulated using RELAP5/CP. To assess the performance of the SC, station blackout was also simulated.

The results of the preliminary safety analyses of both scenarios show that CP-1300 is able to cope with severe accidents. Further safety analyses are underway for other typical accidents including the large LOCA, loss-of-flow accidents, etc.

VALIDATION EXPERIMENTS

Most of the passive safety systems adopted in the CP-1300 are also used in other advanced reactors such as AP600. Therefore a significant body of experimental

▲ Comparison of decay heat removal capability of the CP-1300 secondary condenser with that of the AP600 passive residual heat removal system. The comparison was done using RELAP/CP.

and analytical work is available from the literature. However, a series of small-scale validation experiments is being conducted at CARR to confirm the results in the literature and to research the newly-developed concepts.

THE NEXT PHASE

In the future, a more detailed design will be developed and a comprehensive safety analysis, probabilistic safety assessment and economic assessment will be performed, along with separate validation tests on the new systems.

출처: Chang, Soon Heung, et al. "Power plant design: Korea looks beyond the next generation." Nuclear Engineering International 42.511 (1997): 12-14.

3. 한반도에너지개발기구(KEDO) 경수로 사업

▶ **배경**

북한은 1990년대 들어와 국제사회로부터 핵개발 의심국가로 지목되어 핵사찰 압력에 직면하자 핵시설의 동결에 대한 보상으로 경수로 발전소 건설을 요구하였다. 세계 핵질서를 주도하고 있는 미국은 핵질서의 안정을 위해 북한과의 핵협상을 추진하여 제네바 합의를 통해 북한측 요구(안)을 수용하여 핵동결의 대가로 경수로 발전소 건설을 약속하였다.

▶ **추진경과**

1994년 제네바 합의에 따른 경수로 지원사업은 막대한 비용이 소요되는 건설사업이다. 북한에 경수로 건설을 지원한다는 합의는 미국이 약속하였지만, 그 합의의 이행은 미국과 동맹관계에 있는 한국과 일본의 공동부담의 형식으로 진행되었다. 1995년에 경수로건설을 추진하기 위한 한국, 미국, 일본 3개국이 뉴욕에서 '한반도에너지 개발기구(KEDO)'가 정식 출범하였다.

경수로 건설에 드는 총비용(46억 달러로 추정)의 70%를 원화로 한국이 부담하며, 일본이 정액으로 10억 달러(약 20% 정도)를 부담한다. 나머지 10%는 유럽연합(EU) 몫으로 8,000만 달러를 부담하고 미국은 중유비용 및 KEDO 소요재원을 지원하기로 했다.

그러나 KEDO를 중심으로 하는 경수로 건설지원의 주체와 역할분담이후에도, 한국은 북한에 제공할 경수로 설비를 한국형으로 표기할 것을 강력하게 요구하는 문제로 난항을 거듭하였다. 결국은 미국의 중재로 남북 모두가 수용 가능한 절충안으로 마무리되면서 경수로 건설지원 준비를 매듭지었다.

▶ 내용

1994년 북미 제네바 협정을 통해 미국은 북한의 핵동결 조치에 대한 대가로 에너지난을 해결할 수 있도록 매년 200만kW 전기를 생산할 수 있는 경수로 2기를 건설해주고 완공 때까지 매년 중유 50만t을 공급해주기로 북한과 합의했다.

미국은 2003년까지 북한에 경수로 2기를 건설해 주기로 합의하였다. 그러나 미국은 제네바 합의이행에 소극적 자세를 견지하면서 합의이행의 속도를 늦추면서 북한의 반발을 야기하였다. 특히 2001년 미국에서 부시행정부가 출범하면서 제네바합의는 재검토의 대상으로 전환되고 북한도 핵개발로 대응하면서 경수로 건설사업은 중대기로에 직면하였다.

부시행정부의 압박전략에 대응하여 북한의 핵무기개발의 시인으로 촉발된 2002년 '북핵 2차위기'가 불거지자 미국은 그해 12월 북한의 핵개발 의혹을 이유로 대북 중유공급을 중단했으며, 미국 내에서 경수로 건설 지원을 중단해야 한다는 주장이 제기되었다.

결국 2003년 12월, KEDO는 대북 경수로 사업을 중단하기로 결의해 2년 여간 건설공사가 멈춘 상태에서 지난 2005년 11월 22일 미국과 KEDO는 경수로 건설을 완전히 중단하기로 최종결정했다. 그리고 2006년 1월, 북한 금호지구에 남아 있던 인력 57명이 현지에서 모두 철수함으로써, 북한 신포 경수로 건설사업이 사실상 완전 종료되었다. 그리고 KEDO는 2006년 6월 1일 대북 경수로 지원사업 중단을 공식 선언했다.

▶ 출처: 행정안전부 국가기록원(집필자: 허문영,
(통일연구원 석좌연구위원, 정치학박사)

후쿠시마 사고의 종합적인 평가와
향후 원전 안전성 향상 방안

2012.03.06
<u>후쿠시마 원전 현장 조사 보고</u>

Part I. 후쿠시마 사고의 종합적인 평가

1. 서론

- **일본 후쿠시마 원전사고 조사위 국제 자문단은 후쿠시마 사고 조사위원회의 결과에 대해 독립적으로 자문 및 검토하는 기능을 수행하고 있다.**

  (아래와 같이 세계적인 원자력 전문가 5인으로 구성)
  - 리처드 메저브 (Richard A. Meserve)
    카네기연구소장 (전 미국 원자력규제위원회 위원장)
  - 앙드레 클라우드 라코스테(Andre-Claude Lacoste)
    프랑스 원자력안전규제당국 의장
  - 라스 에릭 홈(Lars-Erik Holm)
    스웨덴 보건복지청 사무총장 (전 국제방사선방호위원회 위원장)
  - 장순흥 카이스트
    원자력 및 양자공학과 교수 (현 한국 원자력 학회 회장)
  - 차 궈한(Chai, Guohan)
    중국 환경부 수석 엔지니어

- **국제 자문단의 주요 일정으로 지난 2월 23일 후쿠시마 사고 현장 방문 및 조사와 24, 25일의 일본 정부 조사 위원회 보고 및 위원회 회의가 있었다.**

Part I. 후쿠시마 사고의 종합적인 평가

2. 일본 정부의 사고 조사 위원회 중간 조사 보고서 주요 내용

- **후쿠시마 원자력 발전소에 쓰나미와 중대사고에 대한 예방 및 수단이 적절하지 않았다.**
  - 쓰나미의 위험성에 대한 평가로부터 정책 개정은 있었으나, 실제 적용되지 않음
  - 모든 전원이 상실되는 사고에 대한 대비가 매뉴얼에 없었음
  - 모든 전원이 상실되는 사고에 대한 운전원 및 직원 교육이 수행되지 않음

- **전반적인 비상 방재 대책이 허술 하였다.**
  - 사고 초기의 방사선 검출 측정 실패
  - 정부와 기관사이의 비효율적인 정보전달로, 측정된 데이터를 사용하지 못함
  - 주민 대피에 대한 의사 결정 과정에서 혼란 발생

- **사고 시, 각 호기에서의 실제적인 대처가 올바르지 못하였다.**
  - 1호기 - 운전원이 격리응축기에 대한 상황 파악 실패
  - 3호기 - 운전원의 냉각수 주입모드 변경에 대한 잘못된 판단

Part I. 후쿠시마 사고의 종합적인 평가

3. 국제자문위원 평가
- **메저브 소장과 라코스테 의장**
  - 사고 시, 규제기관과 운영기관 그리고 정부의 역할론
  - 규제기관과 운영기관이 합동으로 비상 대책 센터 구성 (센터장은 총리)
    - 명령 라인의 복잡성 증대
    - 안전문화가 깨짐

- **장순흥 교수**
  - 일본 정부의 노심용융에 대한 늦은 발표로 자국민과 세계 여러 나라에 불안감 증폭시킴
    (실제 노심용융은 수 일 내에 진행되었음에도 불구하고, 공식 인정은 5월 10일)
  - 2호기에 대한 원인 및 경과에 대한 분석 미흡
  - 현재 원자로 내부에 대한 실태 파악 필요

- **라스 에릭 홈 사무총장**
  - 사고 관리 및 안전 문화에 큰 문제
  - 정보 공개의 중요성

Part I. 후쿠시마 사고의 종합적인 평가

4. 방사선 선량률과 2호기 분석
- 서울: 0.2 μSv/hr, 동경: 0.15 μSv/hr
- 후쿠시마 원전 30km까지 선량률이 크게 변하지 않음
- 2호기 근처에서 가장 높은 300~400 μSv/hr
- 세슘의 누출양은 사고 직후의 8 x 10^{14} Bq/hour 에서,
  현재 6 x 10^7 Bq/hour 로 천만 분의 1로 떨어짐

- 후쿠시마 사고 보고서에 기술되어 있지 않은 2호기에 대하여, 다음과
  같이 평가함
  - 3/15과 3/16일 사이에 2호기의 격납용기 내 압력이
    약 7.3기압에서 1.5기압으로 떨어짐
  - 이 기간 동안, 방사선량은 약 10 μSv/hr 에서
    1000~10000 μSv/hr까지 증가
  - 이는 격납용기의 파손으로 이틀 동안 상당히 많은 양의
    방사성 물질이 대기 중으로 배출됨
  - 1, 3호기의 경우, 방사성 물질들은 대부분 물을 통하여
    배출 되거나 물에 잔존
  - 2호기의 경우, Dry Well 파손으로 액체 침투가 이루어지지 않고,
    기체형태로 대기에 확산
    - 환경으로 방출된 대부분의 방사성 물질이 이로부터 야기됨

Part I. 후쿠시마 사고의 종합적인 평가

4. 방사선 선량률과 2호기 분석

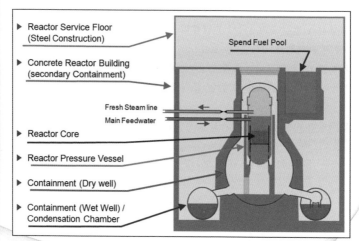

▶ Reactor Service Floor
(Steel Construction)

Spend Fuel Pool

▶ Concrete Reactor Building
(secondary Containment)

Fresh Steam line

Main Feedwater

▶ Reactor Core

▶ Reactor Pressure Vessel

▶ Containment (Dry well)

▶ Containment (Wet Well) /
Condensation Chamber

(그림: 후쿠시마 제1발전소 1, 2, 3, 4호기의 주요 계통)

(그림출처: Dr. Matthias Braun, 2012)

Part II. 향후 원전 안전성 향상을 위한 5대 방안

1. 하드웨어 개선
- 한국의 원자력 규제기관은 50여 가지의 추가적인 설계 개선 방안을 발표
- 중대사고가 일어나지 않도록 해야 함
- 중대사고가 일어나더라도, 방사성 물질의 외부 누출이 없어야 함
  - 여과식 격납용기배기 시스템 (Filtered Venting System) **[부록 I]**

2. 소프트웨어 강화
- 매뉴얼 및 절차서의 강화
  - 상상 가능한 모든 사고를 고려
    (내부사건+외부사건)

3. 원자력 인력 강화
- 매뉴얼에 고려되지 않은 사고를 대처할 수 있는 발전소 인력 양성
- 충분한 안전 교육과 반복적인 훈련 필요
- 고급 인력 확충을 위한, 산학연 합의 및 투자가 이뤄져야 함

부록 I. 여과식 격납용기 배기 시스템

❖ 목적
- 과도한 증기와 비응축성 가스 배기를 통한 격납용기 건전성 유지
- 배출되는 방사성 물질 최소화를 통한 외부인 소개 가능성의 원천배제

❖ 배경
- US.NRC 및 IAEA에서 중대사고 대처방안으로 여과식 격납용기 배기 시스템 소개
- 유럽국가(프랑스, 핀란드, 독일)에서 다양한 디자인 제시
- 이미 상용화 단계

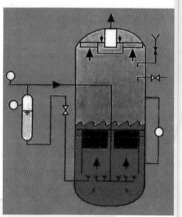

❖ 설계 특징
- 압력차이를 이용한 피동안전시스템
- 다중 필터링 시스템
  - Venturi 제염 시스템
  - HEPA 필터
  - 활성탄 필터
- 에어로졸(Cs, CsI) 1/10,000이하, I_2기체 1/1,000이하로 정화가능

부록 II. 거리에 따른 방사능 측정 및 대피 반경

- ### 제도 및 기준의 보완
  - 국제방사선방호위원회(ICRP)는 외부인 소개를 20-100 mSv/yr로 권고
  - 일본 정부는 20mSv/yr 를 적용 → 11만 명의 주민 대피 → 11만 명의 재산적, 심리적 피해
  - 100mSv/yr 방사선 피폭 또한, 인체 영향을 규명하기 힘든 보수적인 권고
  - 일본 정부의 권고: 20mSv/yr (연두색)
  - 합리적인 대비 반경: 노란색으로 변경가능

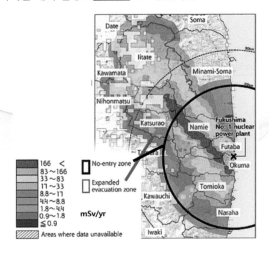

가지 않은 길 –원자력, 상아탑을 넘어 원전 수출까지

지은이 | 장순흥
만든이 | 하경숙
만든곳 | 글마당
편집 디자인 | 정다희
(등록 제02-1-253호, 1995. 6. 23)

만든날 | 2019년 9월 10일
펴낸날 | 2019년 9월 28일

주소 | 서울시 송파구 송파대로 28길 32
전화 | 02. 451. 1227
팩스 | 02. 6280. 9003

홈페이지 | www.gulmadang.com
이메일 | vincent@gulmadang.com

ISBN 979-11-90244-00-8(03300)